이종구와 경제학자들의 정책제언

# 날자, 날아보자 한국 경제

날자, 날아보자 한국 경제

지은이 | 이종구 · 박원암 · 최공필 · 김경환 · 유일호 · 유재원

초판 1쇄 발행 | 2007년 12월 28일

발행인 | 고화숙
발행처 | 도서출판 소화
등록 | 제13-412호
주소 | 서울시 영등포구 영등포동 7가 94-97
전화 | 2677-5890
팩스 | 2636-6393
홈페이지 | www.sowha.com

값 11,000원

ISBN 978-89-8410-329-0 03300

이종구와 경제학자들의 정책제언

# 날자, 날아보자 한국 경제

이종구 · 박원암 · 최공필 · 김경환 · 유일호 · 유재원 지음

小花

## | 차례 |

## | 추천사 |

예로부터 세상을 다스리고 백성의 살림살이를 보살피는 경세제민(經世濟民)은 치세(治世)의 요체였습니다.

국민의 먹고 사는 문제를 해결하는 것, 그것이 정치의 궁극적 목표인 것입니다.

'잃어버린 10년'의 폐해는 컸습니다.

경제가 활력을 잃었고 분배마저 악화되었습니다.

일자리를 찾지 못한 젊은이들이 거리에 넘쳐납니다.

중산층은 무너지고, 서민들은 벼랑 끝으로 내몰리고 있습니다.

무엇보다 경제에 대한 자신감을 잃어버린 것이 너무도 안타깝습니다.

그릇된 생각, 잘못된 정책이 국민들을 얼마나 힘들게 했는지 충분히 보고 겪었습니다.

이제라도 바로잡아야 합니다.

올바른 리더십을 바탕으로 선진 일류 국가의 길로 나아가야 합니다.

이종구 의원은 정통 경제 관료로 30년 가까이 일한 경제 전문가입니다.

국회에서도 눈부신 활약을 하고 있습니다.

이번에 경제 전문가들과 책을 펴냈습니다.

바람직한 정책 방향을 제시하고 있습니다.

경제에 대한 이해도 높일 수 있습니다.

기대가 큽니다.

현실적이면서도 참신한 정책, 좋은 아이디어로 어려운 경제를 살리는 데 크게 이바지하리라 믿습니다.

2007년 12월

한나라당 대표최고위원 강재섭

## | 추천사 |

직접 겪어 보는 것만큼 중요한 것이 없습니다.

노무현 정권 초기에 좋은 말들이 얼마나 많았습니까?

참여니, 균형발전이니, 성장과 분배의 조화니 하는 말에 국민들은 큰 기대를 걸었습니다.

그러나 돌아보면, 아쉬운 점이 한두 가지가 아닙니다. 경제에서는 성장과 분배 두 가지를 모두 놓쳤습니다. 균형발전은 간 곳 없고 하향평준화만 남았습니다. 거기에다 정권 핵심세력의 독선과 아집으로 인해 국민들은 참여는 커녕 심한 좌절감을 느껴야 했습니다.

외환위기 이후 10년 동안 우리는 잃어버린 것이 많습니다. 경제는 성장 탄력과 잠재력을 잃어버렸습니다. 경제성장률이 세계 평균치도 따라가지 못할 정도가 됐습니다. 위험을 감수하고 투자하려는 기업가 정신도 찾아보기 어렵게 됐습니다. 무엇보다도 경제성장에 대한 자신감을 잃고 체념과 패배주의에 빠져버린 것이 안타깝습니다.

국민들의 여론조사에서도 '잃어버린 10년'이 맞다는 의견이 압도적이었습니다. 그런데도 노무현 정권은 마지막까지 "우리가 잘못한 게 뭐 있느냐. 선진국 도약의 10년이었다"라며 억지를 부립니다. 민심과 동떨어져 있는 노무현 정부는 참여정부라는 간판을 내려야 할 것 같습니다.

잃어버린 10년 동안 잘못된 정책으로 국민들의 삶이 어떻게 어려워졌는지를 우리 모두 충분히 보고 겪었습니다. 궤도를 이탈한 경제를 정권 교체와 함께 다시 선진국으로 나아가는 길에 올려놓아야 합니다. 다행히 정통 경제 관료로서 30년 가까이 근무하고 국회에서 왕성하게 활동하고 있는 이종구 의원이 각 분야의 경험 많은 경제학자들과 함께 책을 엮었다고 하니 기대가 큽니다. 이들의 현실적이고 참신한 아이디어가 이념논쟁으로 가득 차 있던 경제정책을 제자리로 돌려놓을 수 있기를 바랍니다.

2007년 12월

국회부의장 이상득

## | 격려의 글 |

이종구 의원은 내가 재무부에서 이재국장, 차관으로 재직할 때 나를 도와 일했었다. 그때 인연으로 지금은 내가 이 의원의 후원회장을 맡고 있다. 시장경제와 작은 정부를 지향하는 점에서 일찍부터 그는 나와 통하는 바가 있었다. 또한 이 의원은 통이 크고 선이 굵어 선후배 동료들로부터도 신망이 두터웠다. 겉으론 무심해 보여도 뒤로는 보이지 않게 후배들을 챙겨 주곤 했다. 일 앞에서는 항상 개인의 이익과 사적인 감정을 배제하고 원칙에 따라 반듯하게 업무를 처리했던 점이 인상적이었다. 그런 곧은 성품 때문에 결국 부실 금융기관 매각을 둘러싼 상급자와의 견해차이로 공무원 생활을 그만둘 수밖에 없었을 것이다.

이 의원의 후원회장을 맡고 보니 국회의원으로서 그의 일상이 보통 바쁜 게 아니었다. 초선의원인데도 불구하고 국회재정경제위원회 간사를 맡은 것을 시작으로 수석정책조정위원장 등 많은 정책 관련 요직을 섭렵했을 뿐만 아니라 정무 관련 직책까지 떠안아 동분서주했다. 또한 여야를 아우르는 '국회 디지털경제연구회'의 대표의원으로서 꾸준히 정책연구와 토론회 개최 등의 활동을 벌여 왔다. 이번 대통령선거에서도 한나라당의 공약을 준비하는 '일류국가비전위원회'의 총괄간사라는 책임을 지고 중요한 역할을 했던 것으로 알고 있다.

이 책은 이종구 의원이 그동안 국회에서의 정책연구활동 자료를 모아 차기 정권의 경제정책 과제를 제시한 값진 성과물이다. 집필에 참여한 교수진들의 면면을 보면 학계를 이끄는 핵심들로서 이 책의 비중을 가늠할 수 있을 것이다. 무엇보다도 선거로 바쁜 가운데서도 정책연구활동을 쉬지 않고 책을 냈다는 점을 높이 사고 싶다. 앞으로 이 같은 연구활동을 기반으로 삼아 의정활동에서 더욱 빛나는 한 그루 큰 나무가 될 것으로 믿는다.

2007년 12월

이종구 의원 후원회장 이수휴

## | 책을 내면서 |

17대 국회에 처음 들어와 의아하게 생각한 것은 왜 전문가들이 생각하는 대로 정책이 만들어지고 집행되지 않을까 하는 것이었습니다. 제 주변에 있는 경제학자들은 시장경제원리가 존중되어야 한다고 하고, 작은 정부를 지향해야 한다고 말합니다. 노무현 정권에 몸담았던 사람들도 이 같은 원칙에 대해 말로는 대체로 동의합니다. 그런데도 막상 정책은 거꾸로 가기 일쑤입니다. 부동산은 세금으로 잡으려 하고 기업의 원가를 공개토록 하거나 제품 가격을 인위적으로 조정하려고 합니다. 그 결과는 우리 모두가 경험한 바와 같습니다. 경제활동은 침체되고 시장은 위축되었습니다. 반면에 공무원 수는 늘어나고 국가 부채도 늘어났습니다. 그런데도 복지를 포함한 행정 서비스에 대한 국민들의 만족도는 형편없이 낮습니다. 많은 국가들이 잘못 들어섰다가 실패한 것으로 이미 판명되었던 그 길을 우리는 따라가고 있었던 것입니다.

30년 가까운 공직 경험과 주변 전문가들의 조언을 토대로 이 같은 반시장적이고 시대 역행적인 정책을 되돌려 보려고 나름대로 노력했습니다. 국회 상임위원회와 본회의 석상에서 목소리를 높이기도 했습니다. 한나라당 정책조정위원장, 국회 재정경제위원회 간사, 국회 예산결산위원 등 당과 국회의 주요한 책임을 맡아 잘못된 정책을 바로잡기 위해 적극적으로 활동했습니다.

그러나 야당 초선 의원의 입장에서 오만과 편견으로 가득 찬 노무현 정권의 정책방향을 바꾸는 것은 불가능했습니다.

국회 내 연구단체인 국회 디지털경제연구회의 대표의원을 맡았을 때에도 어떻게 하면 이런 상황을 극복할 수 있을까 하는 질문이 머리를 떠나지 않았습니다. 정권 교체와 함께 정책 방향이 빨리 제자리를 찾아갈 수 있도록 준비해야겠다고 마음 먹었습니다. 그래서 2006년 11월 "한국 경제의 진로와 차기 정권의 과제", 2007년 4월 "7% 경제성장 가능한가", 2007년 11월 "국민이 성공하는 확실한 경제살리기—차기 정권의 경제정책방향" 등 경제정책 세미나를 시리즈로 개최했던 것입니다. 이 같은 세미나와 공동연구의 성과물을 엮어서 이번에 책으로 내게 된 것입니다.

이번 기회를 빌려 바쁘신 가운데서도 집필에 기꺼이 참여해 주신 분들에게 감사드립니다. 박원암 교수님은 항상 우리 연구진의 중심을 잡아 주고 방향을 제시하는 역할을 해 주셨습니다. 유일호 교수님은 재정과 세금을 둘러싼 여러 시각의 균형을 맞추는 데 힘써 주셨으며, 최공필 박사님은 금융 시스템의 근본적인 전환 필요성을 강도 높게 제기해 주셨습니다. 김경환 교수님은 부동산정책에 대한 고견을 제시해 주셨으며 유재원 교수님은 글로벌 시대에 필요한 통상국가로서의 비전을 역설하셨습니다. 또한 보이지 않게 이번 작업에 기여해 주신 윤건수 박사님께도 감사의 말씀을 전합니다. 그 밖에도 많은 분들이 좋은 아이디어를 제시해 주셨습니다만 일일이 거론하지 못함을 아쉽게 생각합니다. 내로라하는 각 분야의 전문가들과 함께 토론하고 책을 낼 수 있는 기회가 주어졌다는 사실만으로도 제게는 행운이었습니다. 이번 책 출간과 정권 교체를 계기로 앞으로 국회도 당파적 싸움보다는 정책을 논하는 국민대표기관으로 자리매김하기를 간절히 기원합니다.

2007년 12월 정권 교체를 앞두고

이종구

# 제1부

# 한국 경제의 현주소

# 한국 경제의 현주소


## 이종구

한나라당 국회의원(서울 강남 갑)

| | |
|---|---|
| 1968년 | 경기고등학교 졸업 |
| 1973년 | 서울대학교 경제학과 졸업 |
| 1980년 | 노스웨스턴 켈로그스쿨 MBA(경영학석사) |
| 1975년 | 17회 행정고시 합격 |
| 1975~2001년 | 재정경제부 금융정책국장 · 은행과장 · 국제금융과장 등 역임 |
| 2001~2003년 | 금융감독위원회 상임위원 |
| 2003~2004년 | 금융감독원 감사 |
| 2004~ | 제17대 국회의원, 국회 재정경제위원, 국회 디지털경제연구회 대표(현)<br>한나라당 제3정책조정위원장 · 수석정책조정위원장, 국회 예산결산위원<br>한나라당 중앙위원회 수석부의장, 제1사무부총장, 경선관리위원회 간사,<br>한나라당 선거대책위원회 일류국가비전위원회 총괄간사<br>한나라당 선거대책위원회 직능정책본부 재정금융위원장<br>한나라당 재정위원회 자문위원 |

저서 원칙이 개혁이다, 2004

한국 경제를 둘러싼 주변 환경이 급속도로 악화되고 있다. 미국 서브프라임모기지 사태의 충격이 점점 증폭되면서 세계 경제에 짙은 먹구름을 드리우고 있다. 최근 미국 중앙은행인 FRB(연방준비제도이사회)는 신용경색 현상이 악화되고 주택경기 침체도 지속될 것이라는 우울한 전망을 내놨다. 2008년도 미국의 경제성장률이 국내총생산(GDP) 증가율 기준 1.8~2.5%로 뚝 떨어질 것이라는 전망이다. 이는 당초 전망치 2.5~2.75%보다 최대 0.7%포인트 낮다. 선진국 모임인 OECD(경제협력개발기구)도 내년도 30개 회원국의 경제성장률이 당초 예상보다 0.4%포인트 낮은 2.3%로 떨어질 것으로 전망했다. 앨런 그린스펀 전 FRB의장은 신용위기에서 벗어나는 데 오랜 기간이 걸릴 것이라고 말했다.

이에 따라 최근 한국은행도 우리나라의 내년도 성장률이 4.7%로 당초 전망했던 5% 선보다 나빠질 것으로 내다봤다. 경상수지도 1997년 이후 처음으로 적자로 전환할 것으로 예상했다. 지난 '잃어버린 10년' 동안 세계 경제의 호황기를 제대로 활용하지 못한 채 나눠먹기식 좌파 정책을 실험하느라 허송세월을 한 한국 경제에는 부담이 더욱 클 것으로 보인다. 지난 외환위기 때에는 건전한 재정을 바탕으로 대규모 공적자금을 투입해 위기를 넘겼다. 그러나 그 이후 정권들이 정부를 방만하게 운용함으로써 재정마저 악화된 한국 경제로서는 과거와 같은 안전판도 없어진 셈이다. 부동산시장과 건설업계는 벌써 초긴장 상태다. 노무현 정권의 시장을 죽이는 세금폭탄정책이 효과를 발휘하기 시작해 부동산시장의 거래는 끊기고 미분양아파트가 늘면서 중견 건설업체 수십 개가 도산했다. 종합부동산세와 양도소득세 등 과도한 세금부담에 대한 원성이 높아지고 있다.

여기에다 서민생활과 직접 관련된 물가도 불안해지고 있다. 그동안 저물가를 수출하던 중국에서 물가가 오르기 시작해 국내로 수입되는 농산물 가격이 큰 폭 상승했다. 국제 원자재시장에서는 밀, 옥수수 등 농산물 가격이 상승해 전체 물가를 올릴 것이라는 뜻에서 '애그플레이션(Agriculture+Inflation)'이라는 신조어까지 생겼다.

외국인 투자자들에게도 한국이 점점 매력이 없는 시장으로 떨어지고 있다. 글로벌 경영컨설팅 회사인 AT커니가 최근 발표한 '2007 해외 직접투자(FDI) 매력도' 순위에서 한국은 47개국 중 24위를 기록했다. 2003년 18위, 2004년 21위, 2005년 23위에 이어 4년 연속 하락했다(2006년엔 조사하지 않음). 올해 조사에서 한국은 베트남(12위), 말레이시아(16위), 인도네시아(21위)보다도 순위가 처졌다. 기업인들은 "중국은 쫓아오고 일본은 앞서가는 상황에서 우리나라 전체가 정신 차리지 않으면 5~6년 후에는 혼란스러운 상황이 닥칠지 모른다"며 크게 우려하고 있다. 경제를 살려서 정상궤도에 올려놓아야 하는 차기 정권의 어깨가 더욱 무거워진 상황이다.

## 일본의 부활, 중국의 약진

일본을 보자.

실제로 '10년 불황'이라는 말로 애써 관심대상에서 내려놨던 이웃 일본은 요즘 구인난을 겪을 정도로 빠른 경기회복세를 타고 있다. 대학 졸업을 앞두고 있는 학생들은 웬만하면 4~5개 기업으로부터 러브콜을 받을 정도로 행복한 고민에 빠졌다. 반면 한국은 청년실업률이 사상최고치 기록을 연신 갈아치우면서 이제는 20% 선까지도 뛰어넘었다. 이웃 일본은 구인난, 한국은 구직난이라는 정반대 상황이 벌어지고 있는 셈이다.

기업들의 투자도 활발하다. 단적인 예가 조선업체들이다. 올해 일본 조선업체들은 30년 만에 첫 설비 증설에 나섰다. 그동안 임금상승을 묶어 놓은 데다가 엔화 값마저 최근 약세를 보이면서 이제는 해 볼 만하다고 생각한 것이다. 자동차 생산부문에서도 13년 만에 세계 1위 자리를 탈환했다. 지난 3월에는 도요타 자동차가 사상 처음으로 제너럴모터스(GM)를 앞지르는 일마저 벌어졌다.

중국의 약진은 더욱 돋보인다.

지난 5월 스위스 국제경영개발원(IMD)이 발표한 세계 국가경쟁력 조사에서 중국은 지난해 처음으로 한국을 앞지른 데 이어 이번에는 대만과 일본마저 제쳤다. 홍콩이나 싱가포르와 같은 도시국가를 제외하면 중국이 아시아에서 1위를 차지한 것이나 마찬가지다. 중국의 국가경쟁력 상승세는 경제지표로도 고스란히 이어지고 있다.

고성장을 거듭하는 중국은 세계 경제 부동의 1위 자리를 지키고 있는 미국의 위상마저 흔들고 있다. 미국의 세 배 속도로 빠르게 성장하는 중국의 국내총생산(GDP)은 앞으로 20년이면 충분히 미국을 앞지른다는 게 골드만삭스의 분석이다. 물가수준을 고려해 같은 소득으로 얼마만큼의 물건을 더 살 수 있는지를 보여 주는 구매력 기준으로 따지면 중국은 앞으로 불과 4년 안에 세계 최고의 경제대국으로 부상할 수 있는 것으로 나타났다.

중국은 이미 지난해 하반기부터 수출규모 면에서는 미국을 앞질렀다. 전 세계에서 가장 높은 수출증가율을 기록하면서 독일에 이어 2위를 차지했다. 세계 1위로 올라서는 것은 시간 문제일 뿐이다. 금융시장에서도 막강한 힘을 발휘하고 있다. 세계 최대규모의 외환보유액을 바탕으로 외환시장을 좌지우지하는 것은 물론 최근에는 중국 증시에 따라 아시아 증시와 전 세계 증시가 요동치는 현상까지 벌어졌다. 중국 증시는 지칠 줄 모르는 차이나랠리를 펼치면서 지난 10월 상해종합지수가 6,000선을 돌파했다. 2,000선을 돌파한 지 채 1년도 안 돼 생긴 일이다. 하루 거래 규모도 일본의 2배에 달할 정도로 커졌다. 일본을 제외한 나머지 아시아 증시의 모든 거래를 합친 것보다도 큰 규모다.

## 제자리 맴도는 한국 경제

그렇다면, 한국은 어떤가.

올해 초 조동성 서울대 교수가 한국의 국가경쟁력이 말레이시아에도 밀리고 있다는 분석을 내놔 적잖은 충격을 줬다. 조 교수는 "아시아의 네 마리 용 중 맏형 격이었던 우리나라 국가경쟁력은 2005년 세계 17위에 오른 것이 가장 높았고, 그 외에는 20위에서 40위 사이를 맴돌고 있다"라고 지적했다.

반면 아시아의 네 마리 용 중 싱가포르는 세계경제포럼(WEF) 국가경쟁력보고서에서 1996~1999년 연속 1위를 했고, 홍콩은 1996~1998년에 연속 2위, 대만은 2002년 3위를 했다고 설명했다. 중국은 지난해 19위, 말레이시아는 2004년 5위를 했으니 이들 국가도 우리나라를 이미 추월했다고 봐야 한다는 게 조 교수의 주장이다.

지난 4월 공개된 한 · 중 · 일 제조업 경쟁력을 비교 분석한 연구보고서도 비슷한 경고음을 울리고 있다. 서울대와 일본의 히토쓰바시대, 니혼대가 1년 넘게 공동연구한 3국의 총요소생산성 분석결과에 따르면 한국은 삼성전자를 비롯한 전기전자산업 정도만 일본을 따라잡았을 뿐이다. 나머지 산업에선 경쟁력이 되레 뒷걸음치는 것으로 드러났다. 한국의 대표기업인 포스코는 지난 2000년 이후 일본의 경쟁기업인 신닛테쓰(新日鐵)와의 경쟁력 격차가 갈수록 벌어졌다. 현대차도 외환위기 직전까지 도요타를 급격하게 추격하다가 이후 다시 밀려나는 것으로 분석됐다. 의류나 타이어업종에선 이미 중국에마저 추월당한 상태라는 게 보고서의 요지다.

여기에 최근 벌어지고 있는 일본과 대만의 일만(日灣)밀월 현상은 한국 IT 산업에 큰 위협으로 다가오고 있다. LCD 반도체 등 IT산업 패권을 두고 일본

기업 공세가 거세지고 있기 때문이다. 일본은 기술과 브랜드로 시장을 주도하고, 대만은 범용 부품과 생산력으로 후방을 지원하는 협력구도가 만들어지고 있는 상황이다.

일본은 잃어버린 10년에서 빠져나와 괄목할 만한 성과를 만들어 내고 있는데, 한국은 외환위기 이후 10년을 허송세월하는 듯한 모습을 보이고 있다.

## 넛크래커에 낀 호두 신세로 전락하는 한국

가장 큰 문제는 갈수록 자신감을 잃어 가는 한국 경제다. 경제하려는 의지가 실종되고 과거 고도성장을 이끌었던 한국 특유의 기업가 정신도 퇴조하고 있기 때문이다.

지난해 대한상공회의소가 국내 매출액 500대 기업을 대상으로 실시한 조사에서도 이러한 현상은 확연하게 드러난다. '자신의 업종이 미래유망산업'이라고 보는 기업은 44.4%에 그쳤다. 미래유망산업이 아니라고 생각하는 기업이 55.6%라는 얘기다. 중소기업은 더욱 심각해 무려 81.8%가 자신의 업종을 미래유망산업이 아니라고 생각했다.

상공회의소는 '우리 기업들의 상당수가 미래유망산업을 선점하지 못하고 있으며 더 나아가서는 우리 경제의 미래 먹을거리 창출에 밝지 못한 전망을 드리운 것'이라고 해석했다. 더욱 심각한 것은 상당수(65.2%) 기업들이 특별한 대책도 가지지 못한 것으로 조사됐다.

이 때문에 공장과 돈, 인적자원이 모두 한국을 빠져나가는 탈한국 현상마저 빚어지고 있다. 국내 인력들의 생산직 취업 기피와 훌쩍 높아져 버린 생산비용을 견디지 못한 제조업체들이 중국이나 동남아시아로 빠져나가고, 수출로 애써 벌어들인 외화는 해외여행과 유학자금 같은 용도로 쉽게 빠져나가는 상황이다. 그야말로 생산요소나 자원들, 그리고 성장의 성과물마저 해외로 탈출하는 러시가 벌어지는 셈이다. 이러다간 한국 경제가 공동화하는 것은 물론 세계 경제의 변방으로 전락할 가능성이 높다는 우려가 많다.

두뇌유출이 어느 정도 심각한지는 스위스 국제경영개발원(IMD)이 전 세계 58개 주요국을 대상으로 실시한 조사결과에서도 확연히 드러나는데 한국의 두뇌유출지수는 38번째였다. 지난 1992년만 해도 6위였던 지수가 30여 단계이상 추락한 것이다. 그만큼 고급인력의 국외유출이 심각한 상태다.

국내에서 고급인력자원의 흐름도 문제다. 의대와 법대로 대학입시 지원자들이 몰리고, 그나마 다른 학과를 선택했던 대학생들마저 졸업이 다가올수록 공무원 시험에 매달리는 상황이다. 변화와 도전을 선택하려는 적극적 직업선택보다는 안정성만을 고려대상으로 삼는 젊은이들의 현실이 경제의지의 실종으로 이어지고 있다는 분석이다.

장종현 부즈앨런해밀턴코리아 대표가 최근 이런 말을 한 적이 있다.

"… 여러 해 전부터 우리 경제가 일본과 중국 사이에서 지속 가능한 상대적 경쟁력을 찾지 못하고 있다는 점을 많은 경제학자나 식자들은 기회가 있을 때마다 지적해 왔다. 10년 전 매일경제 주관으로 경영 컨설팅사인 부즈앨런해밀턴에서 한국 보고서(비전코리아)를 집필하면서 당시 21세기에 중국과 일본 사이에서 한국 경제가 처할 상황을 어떻게 표현할 것인지를 두고 많은 고민을 했다. 왜냐하면 두 거대 경제 강국 사이에서 우리 경제에 닥칠 어려움을 예상할 때 단순히 '샌드위치' 신세라고 표현하고 넘어간다면 그 사태의 현실적 심각성을 제대로 전달하지 못하게 돼 차후 대책 마련에 대한 긴박성과 필요성이 가볍게 받아들여질 위험이 있을 것 같았기 때문이다. 그래서 새롭게 찾아낸 표현이 호두를 깨는, 쇠로 된 강한 도구인 '넛크래커'다. 중국이나 일본을, 우리 경제를 부드럽게 감싸는 부드러운 빵(?) 정도로 보아서는 안 된다. 넛크래커에 우리 경제가 옴짝달싹 못하게 끼어 있다는 표현은 많은 전략적 시사점을 던지고 있다. 먼저 넛크래커에 한 번 끼인 호두는 양쪽에서 강하게 조여 오는 힘에 의해 반드시 깨지게 되어 있다. 그러나 여기에는 한 번 잡힌 호두는 살기 위해 넛크래커를 빠져나갈 방도를 반드시 찾아야 한다는 절박한 뜻이 내포되어 있다. 우리 경제는 사활을 걸어야 한다. 과거에 우리가 경쟁력 있던 분야를 중국이 지금 곳곳에서 추월하고 있고, 일본은 우리로부터 점점 멀리 달아나는 경쟁력을 유지하고 있다. 이를 극복하기 위한 특단의 조치가 필요하다…."

## 잃어버린 10년

'잃어버린 10년.'

지난 1991년 부동산 거품이 붕괴되면서 촉발된 일본 경제는 10여 년간 극심한 경기침체를 경험했다. 2002년을 전환점으로 일본 경제는 다시 기지개를 켜고 있지만 그간 일본이 겪었던 구조조정의 고통은 우리의 외환위기 극복 과정과 비교될 정도로 심했다.

최근 우리 사회에서 일본만 10년을 잃어버린 것이 아니라 우리도 10년을 잃었다는 얘기가 나온다. 1997년 말 정권 교체 이후 지난 10년간 시장경제를 무시하고 성장보다는 분배에 치중한 포퓰리즘 정치의 대가를 톡톡히 치르고 있다는 분석이다.

## 경제를 앞서가는 정치 논리

총 사업비만 30조 원에 달하는 고속철도(KTX)사업. 당초 3조 원으로 예상되었던 경부고속철도사업비는 지역안배를 고려한 설계변경과 사업지연 등이 지속되면서 20조 원으로 껑충 불어났다.

노무현 정권 들어서도 국가균형발전계획이라는 명목으로 지역별 나눠먹기식 사업은 계속됐다. 행정중심복합도시와 기업도시, 혁신도시 등 각종 이름으로 추진된 대형 국책사업으로 인해 전 국토는 공사장으로 변한 상태다.

"일단 하고 보자"는 식의 정치논리로 국토가 파헤쳐지면서 전국 부동산 가격은 천정부지로 치솟았다. 부동산 가격을 잡겠다고 노무현 정권이 서슬퍼런 칼날을 휘두르고 있지만 정작 가격 상승의 주범은 자신인 셈이다.

노무현 정권이 벌여 놓은 25개 주요 대형 국책사업의 비용은 2,551조 원이다. 우리나라 한 해 예산의 15.6배에 달하는 수준이다. 과연 이를 추진할 수 있는 예산이 확보될 수 있는지가 앞으로의 관건이다.

정부기관인 국회 예산정책처마저 최근 보고서에서 "충분한 예산이 확보되지 않고 경제적 타당성이 검증되지 않은 대형 국책사업의 경우 사업 정당성을 확보하기 어렵다"며 제동을 걸고 나서는 상황이다.

## '부실'기업을 '부실'하게 매각

지난 10년간 외환위기의 구조조정을 겪으면서 수많은 기업들이 매각되었다. 국가 경제를 좌우하던 굵직굵직한 은행들도 있었고 1970~1980년대 수출 경제를 이끌어 온 대기업들도 많았다. 이 기업들의 매각은 국가 경제의 큰 사안이었지만 언제나 뒤끝이 좋지 않았다. 뚜렷한 원칙 없이 정치권의 입김에 좌우된 결과라는 분석이 많다.

예를 들어 매각 협상을 시작하기도 전에 정부는 협상시한을 정해 스스로의 발목을 묶었다. 매각 후의 결과를 예상하기보다는 매각이라는 성과주의에만 매몰됐다. "내 임기 내에 반드시 해결하겠다"는 식으로 협상에 전혀 도움이 되지 않는 책임 없는 발언도 남발되었다.

김대중 정권 시절 다급하게 매각했던 제일은행의 경우, 은행을 폐쇄하고 예금대지급을 했다면 5조~10조 원으로 충분히 마무리됐을 사안에 정부는 18조 원의 공적자금을 퍼부었다.

김대중 정권이 외국에 신인도를 높이겠다는 정치적인 결정으로 이를 무리하게 사모펀드인 뉴브리지캐피탈에 매각한 결과다. 뉴브리지가 제일은행을 인수한 뒤에 부실이 생기면 그에 대한 손실도 보전해 주겠다는, '풋백옵션'이라는 기이한 매각구조를 사용해서 말이다.

1999년 12월 뉴브리지로 넘어간 제일은행은 시중은행 중 으뜸이었던 자리에서 소매금융을 하는 고만고만한 중소은행으로 위상이 추락하고 말았다. 선진금융기법을 가져오겠다던 뉴브리지는 자산매각과 소극적인 영업으로 5년을 버티다 2005년 4월 이를 스탠더드차터드은행(SCB)에 넘겼다. 그들이 거둬들인 차익은 1조 1,500억 원에 달한다.

1조 원에 가까운 순이익을 내고 있던 대한생명을 주당 2,274원에 한화에 헐값 매각해 논란에 휩싸이기도 했다. 금융기관을 부실화시켜 3조 원의 공적자금을 투입하게 한 점과 분식회계 등으로 한화는 애초부터 인수자격이 없다고 매각심사위원들은 주장했다. 당시 정권 고위층의 비호로 한화는 대한생명을 인수할 수 있었지만 결국 호주의 맥쿼리생명보험과 허위로 컨소시엄을 구성한 사실이 탄로나고 말았다. 이에 따라 한화는 예금보험공사로부터 매각 취소를 요구받아 국제 중재가 진행되고 있다.

외환은행을 미국계 사모펀드인 론스타에 헐값으로 매각하기 위해 부실을 부풀렸던 사례도 드러나 국제적인 망신을 당하기도 했다.

## 성장보다는 평등과 분배가 앞서

시장경제원리가 홀대를 받으면서, 지난 10년간 잘사는 사람들은 정부의 표적이 되었다. 정부는 평등과 분배를 위해 지나친 소득불균형을 바로잡겠다는 명분을 내걸었다.

노무현 정권은 '강남' 사람들을 표적으로 삼아 부동산정책을 폈으며, 김대중 정권 이후 꾸준히 이어진 대기업정책은 '재벌'을 표적으로 삼고 있다.

노무현 정권은 부동산대책과 '비전 2030' 등을 대표적인 분배정책으로 꼽고 있다. 또 과거 정부와 비교가 안 될 정도로 저소득계층을 위한 복지혜택을 확충하고 각종 지원대책을 늘리고 있다고 주장했다.

문제는 성과가 신통치 않다는 것이다. 분배를 중시하는 정책을 펴면 소득분배가 개선되어야 하는데 이를 측정하는 지니계수는 오히려 더 악화되었다.

중소기업 보호정책을 폈는데도 이들의 경쟁력은 더욱 약화되어 매년 중소기업관련 대책이 정부에서 발표되는 상황이다.

소득분배가 악화되는 이유로는 소득파악이 제대로 이루어지지 않은 데다 저소득층에게 복지를 전달하는 체계가 부실한 것이 대표적인 이유로 꼽힌다.

예를 들어 국민연금제도는 대표적인 분배정책이지만 취업이 어려운 저소득층에게는 그림의 떡이다. 건강보험은 지역가입자에게만 혜택이 주어지고 있고, 임대주택사업이나 국민주택기금 대출 등은 돈 빌릴 엄두도 못 내는 영세민들에게는 사실상 유명무실한 제도다. 영세기업과 창업 초기 기업에는 불리한 신용보증제도도 마찬가지다.

결국 정부가 양극화 해소를 위해 무엇이든 해결할 수 있다는 자만심이 분배정책의 실패로 이어지고, 이는 결국 성장 부진으로 연결된다는 지적이다.

최근에는 복지를 중시한 유럽연합(EU) 국가들도 분배에서 성장으로 급선회하고 있다. EU의 새 화두는 이미 '성장과 일자리 창출'에 초점이 맞춰져 있다.

이를 위해 근로시간을 늘리고 복지비용을 대대적으로 축소하고 있다. "성장의 뒷받침 없이는 미국을 영원히 추월할 수 없다"는 우려의 목소리가 곳곳에서 나오고 있기 때문이다.

## 나날이 비대해지는 정부

우리나라가 외환위기를 극복할 수 있었던 가장 큰 요인의 하나로 건전재정을 꼽는다. 막대한 공적자금이 부실금융기관과 부실기업에 수혈되면서 경제가 점차 안정을 찾을 수 있었다는 분석이다.

외환위기 이후 국가채무로 비대해진 정부는 김대중 정권과 노무현 정권을 거치면서 그 정도가 더욱 심각해지고 있다. 분배정책을 우선하면서 국가 씀씀이가 커진 탓도 있지만 타당성이 검증되지 않은 대형 국책사업이 남발되면서 새고 있는 예산도 무시 못할 수준이다.

이에 따라 국가채무는 김대중 정권 때 73조 원, 노무현 정권 이후 4년간 149조 원이 늘었다. 외환위기 이후 6%를 넘지 않던 국내총생산(GDP) 대비 국가채무비중도 지난해 말 33%로 급증했다. 예금보험공사채권과 부실채권정리기금까지 합하면 국가채무는 37%에 달한다.

건전한 재정이 불과 10년 만에 부실재정으로 바뀐 셈이다. 앞으로 외환위기와 같은 충격이 다시 온다면 더 이상 정부가 재정정책을 통해 위기를 극복할 수 있는 길은 거의 불가능해진 상황이다.

문제는 앞으로다. 고령화 추세가 지속되면서 우리나라 복지지출규모는 향후 10~20년 내에 크게 늘어날 전망이다. 이렇게 되면 각종 투융자사업에 쓸 재원이 줄어들게 된다. 장기 성장잠재력 침체라는 부작용이 생길 수 있다는 우려가 높아지고 있다.

재정이 부실해지고 있는데 정부 자체의 씀씀이는 커졌다. 기업들은 매일 구조조정에 나서고 있는데 공무원 수는 노무현 정권 들어 5만 명이나 늘었다. 이 때문에 우수한 인력들은 안전한 직장을 찾아 너도나도 공무원 시험에 매달리고 있다.

정부 조직이 비대해지자 해묵은 관치가 다시 논란이 되고 있다. 김대중 정권과 노무현 정권은 과거 관치금융, 관치경제의 청산에 나섰다고 하지만 실상은 다른 모습이다.

김대중 정권의 최대 악재(惡材)이자 대표적인 인재(人災)로 평가받는 카드 대란의 경우 국정감사 증인으로 전윤철 감사원장 등 고위 관료들의 이름이 줄줄이 거론되었다.

노무현 정권 최대 골칫거리가 된 외환은행의 론스타 매각 문제를 놓고도 고위 관료들의 외압 의혹이 꾸준히 제기되고 있는 상황이다.

## 단기성과주의에 매몰된 경제

1997년 외환위기 이후 우리 경제는 국제통화기금(IMF)의 지휘 하에 일관된 구조조정을 단행했다. 이런 과정에서 우리 경제는 장기적인 성장을 위한 투자보다는 수익 위주 경영과 단기성과주의에 매몰되고 말았다. 구조조정을 통해 경제 회생을 추구하는 IMF의 처방 때문이었다.

이에 따라 금융 분야의 수익성과 건전성은 몰라보게 달라졌다.

1997년부터 2000년까지 25조 원의 누적적자를 기록했던 은행권은 2001년부터 흑자로 전환해 2006년에는 8조 8,000억 원의 당기순이익을 올리는 성과를 거뒀다. 부실채권인 고정이하 여신 비율도 1999년 말에는 13.6%까지 상승했지만 2006년 말에는 8.8%로 낮아졌다. 이로 인해 국제결제은행(BIS) 자기자본비율도 외환위기 직후 7% 수준에서 지난해 말에는 12.3%로 껑충 올라섰다. 총자산이익률(ROA)도 현재 1%대를 넘고 있어 외환위기 이전의 0.3%대 수준을 크게 넘어서고 있다.

금융 분야의 수익성과 건전성은 좋아졌지만 이로 인한 부작용도 만만치 않다. 외환위기 이전에는 좀처럼 찾기 힘들었던 금융시장의 불안 현상이 끊임없이 반복되고 있는 것이다. 금융기관은 외환위기 이후 너도나도 수익성과 안전성을 강조하며 주 업무를 기업금융에서 소비자금융으로 바꾸었다. 소비자금융에서 경쟁이 격화되자 결국 2002년 카드 사태로 대변되는 가계부채 대란이 발생했다. 여기에 최근에는 부동산 가격 급등같이 경제 전체를 위협하는 시장 불안 현상이 끊임없이 발생하고 있다.

기업들도 자본시장에서 위험을 회피하고 단기성과에 치중하면서 투자가 줄고 있다. 수익이 발생하면 이를 배당을 통해 주주들에게 나눠주면서 경영자들의 성과를 높이는 데 주력하고 있는 것이다. 이에 따라 1999년 이후 경제성장률은 크게 올랐지만 최근 국내총생산(GDP) 대비 투자비율은 30% 정도로 과거의 3분의 2 수준에 머물고 있다. 장기 성장잠재력을 찾기에는 턱없이 부족한 수준이다.

일본 기업들도 잃어버린 10년 동안 부동산 버블의 붕괴로 인한 부실을 뒤치다꺼리 하느라 10년을 허비했다. 손쉽게 돈을 벌려고 여유자금을 투입했던 부동산 투자가 부실화되자, 일본 기업들이 그 부실을 해소하는 데에 손발이 묶여 공격적인 투자를 할 수 없었던 것이다.

일본의 예에서 보면 현재 우리 기업들의 투자 정체는 잃어버린 10년을 15년, 아니 20년으로 연장시킬 수도 있다는 불안감을 키우고 있다.

## 빗나간 정책들

김대중 정권이 외환위기 극복을 최대 핵심 과제로 삼았다면, 노무현 정권은 분배정책을 정권의 핵심 목표로 내세우고 있다. 저소득 빈민계층에게 따뜻한 햇살을 비춰 주겠다는 것이 이들의 논리다.

이러한 목표 속에 수많은 정책이 집행됐다. 저소득계층에 직접적인 수혜를 주는 것도 있었고 고소득층을 표적으로 삼아 이들의 재산을 세금이라는 형태로 환수하는 정책도 있었다. 다양한 정책만큼 그 부작용도 다양했다.

## 세금폭탄의 부동산정책

노무현 정권 이후 10여 차례에 걸쳐 나온 각종 부동산대책의 초점은 '강남'이었다. 자산소득의 불균형은 계층 간 갈등을 심화시키기 때문에 집값만은 잡겠다는 것이 이들의 논리였다. 이에 따라 종합부동산세가 신설되고 양도세 부과 기준이 강화됐다. 정부가 강력한 '세금폭탄'을 투척한 것이다.

하지만 이를 비웃기라도 하듯 2003년 10.29 대책 때 집값이 잠시 보합세를 보인 것 외에는 서울 강남 지역의 집값은 올해 초까지 매달 천정부지로 치솟았다. 특히 2005년 말 이후의 급등세는 정부가 3차례의 긴급대책을 내놨음에도 이를 꺾지 못했다.

특정 지역의 집값이 오를 경우 이를 시장원리에 맞게 수요 · 공급의 법칙으로 풀어나가면 된다. 강남 지역의 공급을 늘리고 이와 비슷한 수준의 주거지역을 조성하는 것이 시장경제원리다. 반면 노무현 정권이 선택한 카드는 규제였다. 반시장적인 데다 경제 흐름을 왜곡하는 처방전을 내린 것이다. 한 대학 교수는 '강남 지역에 대한 세금 규제는 노무현 정권이, 있는 사람에 대한 반감을 의도적으로 드러내며 자신을 지지하지 않는 세력에 대해 정치적인 싸움을 하려는 것이 아니냐는 의혹이 들 정도'라고 말한다.

무리한 종합부동산세에 대한 불만은 폭발 직전이다. 노무현 정권과 여당은 종부세를 처음 부과한 2006년에 법을 또 개정해, 대상을 늘리고 세 부담도 더욱 강화했다. 이에 따라 올해 두 번째로 시행되는 종합부동산세는 모두 48만 6천 명에게 부과됐다. 지난해의 35만 1천 명보다 38% 늘었다. 세액은 1조 7천억 원에서 2조 8천억 원으로 65%나 늘었다. 세대별로 합산한 주택 공시가격 6억 원 이상으로 대상이 확대되어 웬만한 서울의 중산층은 종부세를 냈다는 얘기다. 분당에 공시가격 8억 6천만 원짜리 40평 아파트를 보유한 경우, 종부세 174만 원과 재산세 105만 원을 합쳐 모두 380만 원을 부동산 보유에 대한 세금으로 내야 했다. 웬만한 월급쟁이라면 상당한 부담이 되는 돈이다. 강남 지역의 경우 은퇴한 뒤 소득이 없는 장기 거주자인데도 1천만 원 이상의 세금을 낸 사람이 한둘이 아니다.

정부 여당은 미국의 경우 부동산 시가의 1% 정도를 보유세로 부담하는 만큼 종부세 세금이 많지 않다고 주장한다. 그러나 이제 선진국과 어줍잖게 비교하는 일은 당장 그만둬야 한다. 미국 내 보유세 세율은 지역에 따라 0.17~1.82%로 매우 다양하고 보유세나 주택담보 대출이자를 소득에서 공제해 주는 제도를 둬 실질적인 부담을 덜어준다. 또 대부분 주택구입시 가격 기준으로 보유세를 부과하므로 세금 증가의 부담이 없다. 무엇보다도 우리나라 주민들은 집에 대한 애착이 강해 소득에 비해 비싼 집을 보유한 경우가 많은 점을 감안해야 한다. 자산의 80% 가량을 부동산에 털어놓을 정도다. 차기 정권은 어떤 식으로든 현행 종합부동산세를 근본적으로 재검토해야 할 것이다.

이같이 무리한 정부의 각종 부동산대책은 특정 지역의 집값을 잡지는 못하면서 전국적인 건설 경기의 위축으로 이어졌다. 양도소득세와 종합부동산세 부담 등으로 주택거래는 예년의 절반 수준으로 뚝 떨어졌다. 분양시장이 얼어붙으면서 중소형 건설사들의 어려움은 더욱 커졌다. 중견 건설사인 신일이 부도를 내자 이것이 연쇄 부도로 이어지는 것 아니냐는 위기감마저 들 정도였다. 미분양 아파트가 급증해 정부가 이를 긴급매수하는 상황에까지 이르렀다.

세금과 같은 규제일변도의 부동산정책이 이어지자 최근에는 경제협력개발기구(OECD)가 이 문제를 걸고 나섰다. OECD는 최근 발표한 「한국보고서」에서 반시장적인 정책을 그만두고 시장친화적인 방법으로 부동산정책을 끌고 가라는 충고를 하며, 한국 정부의 부동산대책에 대해 우려를 나타냈다.

## 분배에 짓눌린 성장정책

성장보다 평등과 분배 논리가 앞서면서 경제성장률이 세계 평균을 밑돌게 됐다. 지난 1987년부터 1996년까지 10년간 연평균 경제성장률(GDP 증가율)은 8.37%로 세계 평균의 2배를 넘었다. 반면 지난 10년간(1997~2006)의 연평균 GDP 성장률은 4.36%에 불과하다. 세계 평균과 비슷한 수준이다. 특히 노무현 정권 이후 4년간은 세계 평균 GDP 성장률을 밑돌고 있다.

성장의 내용도 좋지 않다. 내수보다는 지나치게 수출에 의존하고 있는 구조다. 중국 경제의 호황만 없었다면 그나마 4%도 어려울 수 있었다는 얘기다.

노무현 정권은 미국, 일본, 유럽연합(EU) 등 선진국의 2~3%대와 비교하면 오히려 나은 수준이라고 주장한다. 하지만 국민소득 3만~4만 달러대 국가의 2~3% 성장률과 겨우 2만 달러에 턱걸이하려는 우리의 4%는 질적으로 차이가 있다. 이들보다 몇 배의 성장률로 앞서나가도 이들을 따라잡기 어려운 마당에 4%대의 성장률에 만족해 하는 것은 선진국 진입을 포기하자는 주장과 다를 바 없다는 해석이다.

또 성장의 내용에서도 수출일변도의 성장은 국민 대다수의 삶의 질을 높이는 데 거의 기여하지 못하고 있다. 수출기업이나 대기업 등 일부 업종만 호황을 누리고 있고 대다수 국민들은 경기가 좋지 않다고 느끼고 있다. 노무현 정권 이후 경제성장률은 연간 4% 안팎에 머물고 있지만 국민들의 실질소득 증가율은 연평균 2%에 불과하다. 2005년의 경우 0%대로 떨어지기까지 했다. 국민들의 호주머니 사정은 전혀 개선되고 있지 않다는 얘기다.

평등과 분배 논리 앞에서 기업들의 투자가 주춤하면서 잠재성장률이 갈수록 떨어지고 있다. 향후 5년간 잠재성장률은 4%대 초반으로 예상된다. 이 정도의 속도로는 일본, 미국을 따라잡기는커녕 5년 내에 연평균 10%대 성장률로 무섭게 추격하는 중국에 추월당할 만한 수준이라는 것이 전문가들의 얘기다.

## 정부에 만연한 반시장 분위기

지난 10년간 한국 경제는 외환위기 극복이라는 외형적인 성공을 거둔 것으로 평가된다. 문제는 극복 과정에서 정부가 주도적인 역할을 하면서 형평중시적 정책, 반시장적 정책이 국가정책의 중심으로 자리 잡아 온 것이다.

우선 외환위기 이후 기업에 대한 강제적 시장퇴출조치와 빅딜 정책 강요가 대표적인 반시장정책으로 꼽힌다. 정부는 부실화된 기업에 대해 화의, 법

정관리, 협조융자 등을 하도록 은행장들을 모아놓고 압력을 행사함으로써 시장에서의 자연스러운 퇴출을 지연시켜 경제에 부담을 가중시켰다.

외환위기 직후 삼성, 현대, 대우, LG, SK 등 5대 재벌그룹에게 1999년 말까지 재벌그룹의 부채비율을 200% 이하로 낮추도록 강요하며 이들과 재무구조 개선약정을 맺은 것도 반시장정책으로 지적된다. 기업들은 시한에 쫓겨 실질적인 부채비율 감축보다는 자산재평가나 순환출자 등을 통해 겉으로 보이는 부채비율만 낮춤으로써 향후 제2차 부실의 씨앗이 되었다.

일률적 기업지배구조 개편, 노동시장 경직화와 집단주의적 노사정위원회 설치, 노조의 경영참여 요구 허용, 반시장적 의료복지정책 등도 정부의 반시장적 정서가 만들어 낸 결과다.

특히 노무현 정권 이후 아파트 원가 공개나 수요와 공급원리를 무시하는 부동산정책, 노조에 치우친 노사 관련 정책, 출자총액제한제도의 지속적인 유지, 소비자 주권과 공급자 자율을 무시하는 교육정책, 언론시장에 대한 각종 제한정책 등이 사유재산권이나 경제적 자유를 부인하는 정책으로 꼽히고 있다.

최광 한국외국어대 경제학과 교수는 "반시장적 정책은 경제체제의 효율성을 떨어뜨린다. 최근 한국 경제가 노후화 현상을 보이며 쇠퇴하는 원인은 여기에 있다"고 지적했다.

## 무조건 퍼주는 복지정책

전라남도에는 950개에 달하는 민간 어린이집이 있다. 이들은 정원의 80%

도 못 채우며 고전하고 있는데 정부는 이를 도외시한 채 직접 보육시장에 뛰어들려고 한다. 현실을 무시한 채 퍼주기식으로 일관하는 복지정책의 단면을 잘 보여 주는 셈이다.

노무현 정권 들어 복지지출은 급속도로 팽창하고 있다. 2007년도 복지예산은 62조 원으로 증가율 면에서 10.4%로 가장 높다. 장기적으로도 '비전 2030' 정책에 따라 현재 국내총생산(GDP) 대비 6.1% 수준인 사회복지지출이 2030년에는 21.2%까지 높아질 예정이다. 양극화가 심화되는 상황에서 서민들을 위해 복지지출을 늘리겠다는 노무현 정권의 의도는 이해할 만하다. 문제는 경제규모가 선진국 수준에 근접하고 있기 때문에 이에 맞게 복지지출을 늘려야 한다는 노무현 정권의 생각이다. 재정에서 복지지출이 차지하는 규모는 OECD 국가들이 평균 50% 수준이고 우리나라는 아직 여기의 절반에 불과하다.

하지만 이를 위해 복지예산을 무리하게 늘릴 결우 성장을 위해 투입할 재원이 부족하게 된다. 아직 분배보다는 성장에 초점을 둬야 할 우리 경제에 장기적인 성장동력을 마련하기가 힘들게 된다는 의미다.

또 노무현 정권 이후 실시된 복지정책은 기초생활 수급자 확대, 학자금 대출제도 개선, 직업훈련 고용지원 서비스 등 교육 인프라 확충, 사회 서비스 사업 확대 등 근로능력이 있는 차상위 계층의 교육 기회와 취업능력 향상을 목표로 추진되어 왔다. 하지만 이들 정책의 상당수가 아르바이트 수준의 임시직 창출에 기여하고 있을 뿐 장기적인 관점의 저소득층 지원대책으로는 미흡하다는 분석이다. 외형적 팽창에만 급급해 빈곤층의 자립을 돕고 생산적 복지로 이어지게 하는 제도적 기반 구축의 노력이 보이지 않는다.

## 무엇을 할 것인가 — 한나라당 경제정책 제언

한국 경제는 누가 뭐래도 한국 특유의 역동성을 복원하는 데 초점을 맞춰야 한다. 성장하려는 의지, 경제 하려는 의지를 하루빨리 높여야 한다. 어느 순간부터 빠져버린 저성장 체념주의에서 벗어나야 한다. 선진국으로 진입하면 으레 분배와 복지에 집중해야 하고 성장률은 응당 떨어질 수밖에 없다는 말에 현혹돼 한국 경제의 '조로증(早老症)'을 자초할 필요도 없다. 선진국들도 7~8%대 성장률을 유지했던 사례는 얼마든지 있고, 성장과 분배는 함께 간다는 수많은 학술 논문들도 있기 때문이다.

잠재성장률은 그야말로 한국 경제의 체력을 의미하는 것이다. 모든 인적 또는 물적 자원을 동원해 경제에 부담을 주지 않으면서 달성할 수 있는 성장률이 바로 잠재성장률이다. 과연 우리가 외환위기 이후에 동원할 수 있는 모든 물적 · 인적 자원을 제대로 동원해 봤는지, 시스템 개선을 통해 효율성을 끌어올릴 여지는 없었는지 지금이라도 좀 더 면밀히 따질 필요가 있다. 잠재성장률은 곧 정부의 목표성장률로 이어지기 때문에, 낮게 잡았다면 성장률은 그 수준 이상 올라가지 못하게 마련이라는 점도 유념해야 한다.

정부는 이제 성장궤도로 다시 들어서기 위한 강력한 의지와 비전을 표명해야 한다. 과거 한국 경제가 보여 줬던 역동성은 성장을 통해 다시 이루어낼 수 있다. 외환위기 상흔으로 남아 있는 소득분배 악화와 양극화 문제도 결국은 성장잠재력 복원에 초점을 맞추는 근본적인 치유가 선행되었어야 했다. 단순히 분배와 양극화라는 증세만 없애려는 낮은 차원의 정책으로는 경제가 제자리를 맴돌게 만들 뿐이다.

## 역동성 되살린 경제모델 구축

한국 경제 특유의 역동성을 복원하기 위해서는 한국의 장점을 가장 잘 살릴 수 있는 경제모델을 만들어야 한다. 그리고 그 경제모델은 '시장 지향', '개방 우선', '기업 중시'라는 3가지를 철칙으로 삼아야 한다. 성장 친화적인 경제환경 조성은 당연히 이러한 경제모델의 큰 전제조건이다.

아울러 성장전략은 서비스업 강화와 함께 기존 제조업의 역량을 더욱 끌어올리는 데 맞춰야 한다. 예를 들어 일본의 부품소재산업을 서둘러 따라가야 하며, 중국이 일본 자본재가 아닌 한국의 자본재를 수입하는 구조로 바꿔야 한다. 중국은 이미 한국 부품을 일본 부품으로 교체하는 상황이어서 한국 기업들의 설 자리가 갈수록 좁아지고 있기 때문이다.

경제 성장잠재력을 조속히 끌어올려야 한다. 물론 성장잠재력은 경제발전단계가 높아질수록 낮아진다. 하지만 성장잠재력 하락속도를 늦추거나 아니면 끌어올릴 여지가 있다면 당연히 높여야 한다. 대한민국 성장잠재력 5%를 당연시할 이유가 없다.

사실 외환위기 이후 성장잠재력의 급격한 저하는, 종잡을 수 없는 정부정책 변화에 따른 불확실성과 반시장적 정부정책에 대한 불안감이 겹쳐 기업투자가 감소한 탓이 가장 크다. 외환위기 이후 대기업들이 무너지는 과정에서 경영자들은 무차입경영을 마치 최고의 미덕인 듯이 받들면서 스스로를 묶어놨다. 그 결과 기업들은 단군 이래 최대의 현금을 회사마다 쌓아놓는 기현상을 낳았다.

국내 모 증권사 대표는 사석에서 이렇게 말했다.

"기업이 레버리지(차입)를 일으키지 않고 현금을 쌓아둔다는 것은 이미 손해를 보고 있는 것이나 다름없다. 경영전략이나 투자 기회를 찾지 못해서가 아니라면 그 경영자는 정말 바보다. 하지만 외환위기 이후 그러한 바보가 마치 경영 잘하는 사람처럼 보이도록 정부가 만들어 버렸다. 사실 1970~1980년대 대한민국 기업들처럼 레버리지를 잘 일으키면서 고도성장을 이뤄나간 기업은 없다. 빚은 죄악이 아니라 첨단경영기법이다."

부분적인 상처 치유에 그쳐야 할 정책들이 위기상황을 겪으면서 한국 기업들 고유의 장점들마저 훼손시킨 셈이다.

## 시대착오적인 제도 개혁

외환위기 이전엔 내수와 수출이 선순환구조를 이루면서 고도성장을 유지했다. 하지만 외환위기 이후는 수출이 아무리 늘어도 국내 소비나 투자로 이어지지 않는 이원화 형태로 경제구조가 변했다. 수출로 벌어들인 소득이 해외 소비나 해외 투자로 빠져나가고 있는 것이다.

결국 시장 지향적인 경제정책을 통해 해외로 나가는 소비와 투자를 국내로 되돌릴 수 있어야 한다. 이를 위해선 각종 소비와 투자증대의 발목을 잡고 있는 각종 반시장적 정책을 시급하게 해소해야 한다.

대표적인 예가 교육과 주거 문제다. 기러기 아빠를 양산하며 온갖 문제를 일으키고 있는 교육제도도 결국은 경쟁을 기피하고 지나치게 평등에 치중하면서 시장원리를 지키지 않았기 때문이다. 규제를 풀고 친시장적으로 만들면 굳이 해외로 나가지 않았을 것이다. 집값 문제도 정부가 시장원리와 규제 유혹의 사이를 줄타기하는 과정에서 정책 일관성도 잃고 시장규칙마저 깨버리는 최악의 상황으로 가버렸다. 시장원리를 지키지 않아 온국민에게 떠넘겨진 대가가 너무도 크다.

매년 사상최고치를 기록하고 있는 해외여행객과 해외여행지출도 마찬가지다. 레저와 같은 새로운 수요 분야에 대한 규제를 풀어주지 않는 이상 돈을 싸들고 나가서라도 즐기려는 수요가 넘치고 있다. 한마디로 시대착오적인 제도에 묶인 국내 여행산업이 역차별당하고 있는 셈이다.

금융이나 법률, 교육, 의료, 복지, 육아와 같은 서비스 산업도 결국은 규제완화와 개방이라는 수순을 밟을 수밖에 없다. 하지만 정부는 그동안 규제완화는 늦추고 개방을 서두르는 듯한 정책을 펼치는 바람에 매번 역차별 문제를 일으켰다. 정부가 중소기업이나 영세업체들의 경영자문을 도와주고 얽혀있는 규제들을 단순화시켜도 경쟁력은 지금보다 훨씬 높아질 것이다.

## 한국 경제 고유의 강점을 살려야

성장엔진을 다시 살려야 한다.

그러기 위해서 한국 고유의 강점을 살릴 수 있는 제도개선을 고려해야 한다. 서구 제도를 맹목적으로 추종할 것이 아니라 한국 경제 발전 과정에서 부여 준 한국 기업들의 장점을 최대한 살릴 수 있도록 각종 기업 관련 제도와 법을 정비해야 한다. 더 이상 기업지배구조에 집착하지 말라는 얘기다.

서구의 잣대로 한국의 기업조직과 경영방식을 일방적으로 재단하는 것은 대단히 위험하다. 한국 기업은 신속하고 과감한 결정, 그룹사 간 협조와 같은 특유의 경영방식을 통해 또 다른 경영교과서를 만들고 있다. 한국 기업은 그

누구도 이루지 못한 성과를 만들어 가는 개척자이지, 몇몇 서구의 성공 기업들을 뒤따라가는 추종자들이 아니기 때문이다. 학계에서도 한국 대기업 지배구조에 대한 평가는 확연하게 엇갈릴 정도로 논쟁이 분분한데 맹목적으로 고쳐야 할 대상으로 몰아붙일 이유가 없다.

법을 지키는 한도 내에서라면 기업들이 조직형태와 지배구조를 자율적으로 선택해 이익을 낼 수 있도록 국가가 오히려 자문하고 지원해 줘야 한다. 대신에 정부는 중소기업들의 입지 확보를 위해 공정거래 또는 공정한 하도급 거래가 이루어지는지 감시하는 역할에 보다 많은 노력을 기울여야 한다.

성장을 촉진시키는 경제모델 구현을 위해선 금융의 중개 기능 확충도 시급하다. 기업들이 맘 놓고 투자할 수 있는 각종 금융 백업 시스템과 제도를 갖춰 투자 리스크를 분산할 수 있는 다양한 장치를 제공해 줘야 한다. 또한 각종 건전성 규제가 선진금융으로 나갈 수 없도록 만들고 있다면 규제 완화도 완전히 제로 베이스에서 점검해 볼 필요가 있다.

## 정부기능은 최소화로

한국 경제 성장 복원력 확충 과정에서 정부개입은 최소화되어야 한다.

시장기능 확대를 위해서는 정서도 마찬가지다.

기업이나 가계에 대한 직접적인 규제는 최대한 줄이고 정부는 그야말로 시장기능의 원활한 작동을 위한 개입에 그쳐야 한다. 정부조직을 확대하거나 공무원 수를 늘리는 등 조직 비대화를 막을 수 있는 제도적 장치를 갖출 필요가 있다. 집권자로서는 정부조직 확대에 대한 유혹을 떨쳐내기가 쉽지 않기 때문이다.

인력관리도 정부는 지원자 역할에 그쳐야 한다.

정부는 전국의 모든 대학을 고등학교처럼 똑같이 만들려는 평등화 정책을 당장 버리고 각 대학들의 경쟁을 촉진시키는 방향으로 제대로 혁신해야 한다. 이미 100% 취업률을 기록한 산업기술대학 같은 수많은 사례에서 보듯 정부가 손을 뗄수록 대학은 자생력을 가지고 생존법을 찾아내고 있다. 정부는 외국 우수인력을 선별해 적극 유치하고 제도개선을 통해 해외 석학들을 초빙할 수 있도록 옆에서 도와주는 일만 해도 충분하다.

법과 질서를 서로 중시하는 협력적 노사관계 구축은 기업의 건전한 발전에 필수적이다. 노조는 경영권을, 기업은 노동권을 상호 존중하면서 기업과 노동자의 삶의 질을 함께 끌어올리는 관계를 구축해야 한다. 물론 여기에는 전제조건이 있다. 기업은 투명한 경영정보를 노조에 제공해야 하고, 노조도 더 이상 정치투쟁에 매달려서는 안 된다. 정치적 색채를 배제한 노사정위원회의 재가동을 통한 안정적 · 협력적 노사관계 구축은 반드시 필요하다. 물론 이 과정에서 정부는 엄격한 법 집행자 이상의 역할을 해서는 안 된다.

## 개방은 이제 생존전략

개방은 더 이상 선택사항이 아니다.

개방을 통한 교역 확대로 한국 경제가 이만큼 성장했다는 사실은 생존전략 또한 개방에서 찾아야 한다는 사실을 방증한다고 볼 수 있다.

개방은 국내 시장을 외국 기업에 내준다는 생각으로 접근할 것이 아니라 해외 시장을 넓히는 상대적 관점에서 바라볼 필요가 있다. 또한 개방은 경쟁의 격화를 의미하지만 온실 속에서 안주하던 국내 기업에게는 새로운 자극과 함께 경제체질을 강화할 수 있는 계기를 만든다는 측면에서도 중요하다. 이런 관점에서 자유무역협정(FTA)은 불가피한 수단이다.

정부는 체계적인 국제화 전략을 통해 세계적 기업과 세계적 대학 등을 매개로 세계적 도시를 육성할 필요가 있다. 재외동포들과의 네트워크를 보다 촘촘하고 체계적으로 구축하는 전략도 병행되어야 한다.

해외 660만 동포들이 제공할 수 있는 고급자원들이나 인력들을 한국이 활용할 수 있도록 환경을 만들어 주는 것이다. 해외 고급인력만 제대로 활용해도 경쟁력은 저절로 올라갈 수 있을 정도로 풍부해진다. 아울러 한국 기업과 인력의 해외 진출도 꾸준하게 이루어져야 한다. 해외 투자단지나 해외 농장처럼 일부 불가피한 업종에 대해서는 정부가 해외 정착을 지원할 필요도 있다.

정부는 이른 시간 내에 한국의 국가경쟁력을 획기적으로 끌어올릴 수 있도록 국가경쟁력 강화위원회를 설치하는 방안도 고려해야 한다. 이미 싱가포르나 아일랜드, 미국 같은 국가들은 국가경쟁력 강화 문제를 전문적이고 체계적으로 연구할 수 있는 이 같은 위원회를 가지고 있다. 국가경쟁력 강화는 당연히 성장잠재력 확충이라는 대전제를 조건으로 삼아야 한다. 정부 내에서 제안된 정책이나 법률은 물론 다양한 민간조직에서 제기한 안건들도 국가경쟁력이라는 관점에서 판단할 수 있도록 하는 것이다.

이것만은 꼭!

## 포퓰리즘 경계해야

외환위기는 한국 경제의 질적 변화를 이끌어 냈다. 단순히 한 단계 도약을 위한 선택적 변화가 아니라, 하지 않으면 그대로 붕괴하는 절대절명의 위기에서의 탈출을 위한 생존법이었다.

한국 경제의 위기탈출 과정은 세계가 놀랄 정도로 빠르게 이루어졌지만 일종의 편법도 함께 동원됐다. 한국 경제가 땅도 제대로 고르기 전에 기둥부터 세우고 지붕을 얹는 꼴이었다.

신용카드로 경기를 부양했다가 고스란히 가계빚으로 옮겨가는 바람에 외환위기 때보다 더 많은 사람들이 사채시장으로 내몰리는 상황까지 연출되었던 것이다.

그 과정에 정부와 여당이 국민들을 현혹시켰던 것이 바로 '포퓰리즘(populism)'이다. 우리말로 인기영합주의라고 보통 해석하는 포퓰리즘은 복지와 이어지게 마련이다. 그 과정에서 가장 손쉽게 이용되는 전략은 편가르기다. 예를 들어 부자와 빈자로 나눌 경우, 사회 구성원들을 자신이 뜻하는 쪽으로 일시에 집중시킬 수 있는 장점이 있기 때문이다.

사실 복지는 경제발전단계를 거듭할수록 국민들에게 더 많은 혜택을 주는 것이 당연하다. 그것이 경제발전의 이유이기도 하다. 문제는 단계에 맞는 복지정책이냐는 것이다. 복지정책은 정치권의 표심 잡기 요구와 겹치면서 '산'으로 올라가기 십상이다. 인심 쓰듯 복지 꾸러미를 풀어놓기 때문이다.

노무현 정권에서 상당수 정책은 포퓰리즘 성격이 짙다. 출산을 장려한다고 또는 노인 복지를 강화한다면서 몇 만 원씩 나눠주는 정책들을 내놓았다. 받는 사람에게 크게 도움은 되지 않지만 생색을 낼 수 있고 재정부담은 큰 정책이다.

국민연금도 결국은 국민들의 눈치를 보며 허송세월을 보내는 사이 다음 세대가 떠안아야 할 국민들의 부담만 눈덩이처럼 불어났다.

외환위기 이후 지난 10년 동안 한국 경제는 고속성장에 따른 후유증을 치유하는 과정에서 많은 고통이 따랐다. 국민들도 당연히 겪어야 할 고통으로 생각하고 기꺼이 분담하는 모습을 보였다. 하지만 하나 둘씩 발표되는 포퓰리즘적인 정책으로 인해 고통분담보다는 과실 따먹기 쪽으로 급속히 옮겨가는 양상이다. 그 사이에 집값 급등 같은 부작용도 벌어진 것이다.

포퓰리즘은 태생적으로 퍼주기 정책이다. 예산은 생각하지 않고 단순히 표심이나 인기와 같은 효과를 극대화하는 데에만 초점이 맞춰질 뿐이다.

## 쏠림 현상 경계해야

지난 10년간 한국 경제는 보여주기 위한 올인 정책의 부작용이 어떤 것인지를 집약해서 보여 줬다.

표면적으로는 아무 일 없는 듯이 고도성장을 구가했던 한국 경제의 문제점들이 지난 1997년 외환위기 때 한꺼번에 곪아터졌다.

우선 거대한 자본이 필요한 중화학산업에 무리하게 집중 투자하면서 벌어졌던 정경유착과 과다차입의 문제가 사실은 서서히 시장기능을 마비시켰는데 그게 이때 일시에 폭발한 것이다. 마치 달리던 자전거가 멈추는 순간 쓰러지는 듯했다. 방만한 투자와 대마불사라는 말도 모두 정경유착의 산물에 불과했다.

여기에 급격한 외환자유화에 따른 부작용도 외환위기를 키웠다. 국내 금융제도는 미처 준비도 안 된 상황이었는데 아무런 방어장치 없이 외국 자본에 문을 너무 손쉽게 열어 버린 것이다. 당시 정부는 경제협력개발기구(OECD) 가입이 마치 선진국 진입을 알리는 신호라도 되는 것처럼 무리하게 추진하면서 금융시장 개방도 서둘렀는데 그게 나중에 문제가 되었다. 보여 주기 위한 올인 정책의 대표적인 사례다.

외환위기 극복 과정에서 벌어졌던 벤처기업 육성책이나 경기부양책들도 시장원리를 거슬렀다가 결국은 부작용만 낳았다.

경제회생에만 오로지 모든 정책을 집중시키는 과정에서 나온 벤처기업 육성책은 막대한 나랏돈을 코스닥시장에 집중시키면서 벤처거품, 코스닥 거품이라는 또 다른 후유증을 유발했다. 벤처 육성자금은 눈먼 돈 취급을 당하면서 일반 중소기업들까지 벤처기업과 유사한 이름달기 열풍을 일으켰다. 코스닥 공모와 주식거래에 온 국민의 여윳돈이 몰리면서 피해도 일반 서민들에게 집중되는 결과가 빚어졌다.

사실상 또 다른 경기부양책으로 시도됐던 신용카드정책도 마찬가지다. 의도를 했든 하지 않았든 신용카드 규제완화는 신용과 무관한 손쉬운 대출 수단으로 전락하면서 수많은 사람이 카드빚에 내몰렸다. 신용불량자만 수백만 명을 만들어 고통 속으로 몰아넣었다. 앞뒤 제대로 따지지 않고 밀어붙였던 정책 후유증이 얼마나 클 수 있는지를 단적으로 보여 준 정책이다.

## 정부 혁신과 정치의 친시장적 변신

전 세계 경제가 무한경쟁 시대에 돌입하면서 국가 경쟁력의 핵심으로 떠오르는 것이 신속한 의사결정과 정책 집행의 효율성이다. 한마디로 얼마나 높은 유연성과 신속성을 가지고 적절한 정책을 결정하며, 이것을 얼마나 효율적으로 집행해 나가느냐 하는 것이다. 정치의 변신과 정부조직의 친시장적인 개선이 필요한 대목이다.

정부는 우선 국가조직의 비대화 작업을 그만둬야 한다. 지금은 작지만 시장친화적인 정부가 요구되는 사회다. 크고 둔한 정부일수록 기업활동과 경제발전에는 걸림돌이 되기만 할 가능성이 크다. 대신에 작고 효율적인 정부조직은 하루가 다르게 진화하는 경제환경 변화에 민첩하게 대응할 수 있다.

관료제도의 안정성은 경제정책의 일관성으로도 이어진다. 1년에도 한두 차례씩 바뀌는 단명 장관이 지금처럼 양산된다면 정책의 일관성과 안정성은 기대하기 힘들다. 일반 경제 부처 장관자리도 행정고시 기수 서열별 자리 채우기용이나 경력 관리용 또는 보은용으로 이용되어서는 곤란하다. 대신에 부처별 엄격한 평가에 기반한 신상필벌이 이루어져야 한다. 물론 부처별 평가가 집권자의 뜻대로 바뀔 수 있어선 안 된다. 공개적이고 투명한 절차를 최대한 거쳐야 할 것이다.

아울러 청와대와 부처 간의 긴밀한 협조가 필요하다. 청와대 수석의 역할과 각종 위원회 위원장의 임무, 정부 부처의 장관이 해야 할 일들이 명확하게 구분되어야 한다. 지금처럼 어떤 실세가 장관으로 있는지 또는 청와대 수석으로 있는지에 따라 부처의 임무와 역할이 달라지고 실제 기능도 바뀐다면 이것은 또 다른 정책 리스크로 부각될 뿐이다.

정부 조직 슬림화와 함께 정치권의 변신도 필수적이다. 정치투쟁이나 정치 일정 때문에 번번이 경제 관련 법안이나 민생현안을 마냥 미루는 일은 사라져야 한다. 정치권에선 선택이지만 경제 측면에선 고스란히 비용이자 부담이기 때문이다. 하루만 늦어져도 기회비용은 눈덩이처럼 늘어난다는 사실을 새겨야 한다.

그렇기 때문에 정치색이 없는 정책에 대해선 분리해서 정당 간 타협이 이루어질 수 있는 원칙을 세울 필요가 있다. 또한 행정부와 정당 간 협의가 보다 원활하게 이루어질 수 있도록 정례화된 시스템도 필요하다.

제2부

# 한국 경제의 선진화를 향하여

# 선진화를 위한 경제정책


## 박원암

홍익대학교 경영대학 교수

| | |
|---|---|
| 1976년 | 서울대학교 경제학과 졸업 |
| 1984년 | MIT(매사추세츠공과대학교) 경제학 박사 |
| 1976~1980년 | 한국은행 조사부 |
| 1985~1993년 | 한국개발연구원 연구위원 |
| 1994~ | 홍익대학교 경영대 교수(현) |
| | 한국계량경제학회 회장(현) |
| | 한국금융학회 부회장(현) |
| | 금융발전심의위원 역임 |

저서 External Debt and Macroeconomic Performance in Korea, 미국 시카고대출판부, 1989
경제개방과 거시경제운용, 한국개발연구원, 1990
한국 외환위기의 원인과 과제, 한화경제연구원, 1998
우리나라 잠재성장률 추정과 전망, 한국경제연구원, 2004

우리 경제는 1960년대 초 이후 산업화 과정과 1987년 이후 민주화 과정을 통해서 후진국에서 중진국으로 발전하였다. 그러나 선진국 진입의 문턱에 들어선 현재, 성장 정체와 분배 악화를 경험하고 있다. 1997년의 외환위기 이전 연평균 8%의 경제성장을 이루는 가운데 분배도 개선되었으나, 외환위기 이후에는 경제성장률이 그 이전의 절반 수준인 연 4%대로 낮아지고 중산층의 몰락과 함께 분배도 악화되면서 '경제 양극화'를 걱정하게 되었다.

정치 · 외교적으로는 외환위기 이후 햇볕정책을 추진하면서 북한의 핵 문제로 진보와 보수 간의 견해 차이를 보이고 있으며, 특히 현 정부의 집권 시기 동안은 '경제 양극화'와 사회복지대책 등 경제정책 면에서도 진보와 보수 간 대립이 심화되었다. 다른 선진국들도 진보와 보수 간의 대립과 정권교체를 통해서 경제발전을 이루었으나, 공산주의가 몰락하고 글로벌 시장경제시대가 도래하면서 좌파와 우파, 혹은 보수와 진보가 모두 새로운 글로벌 경제시대의 경제정책을 모색하고 있다.

## 현재의 경제상황

올바른 정책을 설정하려면 먼저 현 경제국면에 대한 정확한 이해가 선행되어야 한다. 표 1에서 보는 바와 같이 5년 단임의 대통령 직선제가 실시된 이후, 선출된 대통령들의 공약은 실현되지 못하고 오히려 임기 말에는 위기를 경험하게 되었다.

노태우 정부는 임기 초기에 저유가 · 저금리 · 저달러의 '3低 호황' 황금기를 맞았으나 대규모 경상수지 흑자관리정책의 실패와 노사분규로 인해 임기 말에는 '총체적 위기'를 겪었다. 김영삼 정부는 '新경제 5개년 계획'을 수립하고 경제개혁과 세계화를 추진하였으나, 집권 후반기에 드러나기 시작한 구조적 취약점을 과감하게 해소하지 못함으로써 임기 말에는 '외환위기'를 맞았다. 김대중 정부는 IMF의 도움을 받아서 재벌기업의 구조조정 · 금융개혁 · 공기업개혁 · 노동개혁이라는 '4대 경제개혁'을 추진하였으나, 중반 이후 개혁이 정체되고 벤처활성화 정책 실패 및 의료, 신용카드 대란으로 역시 위기를 경험하였다. 월드컵 4강 신화의 달성에 이어 탄생한 노무현 정부는 임기 초부터 이전 정부와 차별화된 '동반성장전략'을 추진하였다. 그러나 성장과 분배가 모두 개선되지 않은 가운데 양극화 심화와

**표 1. 역대 정부의 경제성적(연평균)**

| | 노태우 (88~92) | 김영삼 (93~97) | 김대중 (98~02) | 노무현 (03~06) |
|---|---|---|---|---|
| GDP 성장률(%) | 8.4 | 7.1 | 4.4 | 4.2[1] |
| 민간소비 | 8.5 | 6.9 | 4.8 | 1.5 |
| 고정투자 | 14.0 | 7.9 | 0.8 | 2.9 |
| 재화와 서비스 수출 | 7.1 | 17.3 | 11.4 | 14.1 |
| 소비자물가 상승률(%) | 7.4 | 5.0 | 3.5 | 3.0 |
| 소득분배(지니계수)[2] | 0.294 | 0.285 | 0.317 | 0.329 |
| 주택매매가격상승률(전국) | 8.7 | 0.1 | 3.5 | 4.7 |
| 무담보콜금리 | | 12.49 | 6.78 | 3.79 |
| 통합재정수지(조 원) | -1.1 | -0.5 | 0.9 | 6.0[3] |
| 사회보장기여금 제외 | | -4.8 | -14.0 | -16.8[3] |

주: 1) 3년간 증가, 2) 도시 근로자 가구, 3) 2003~2005년 중 평균.

부동산 가격 안정실패로 임기 말에 들어서는 정책 전반의 신뢰성 위기를 맞으며, 역대 최저의 여론 지지도를 보였다.

참여 정부는 집권과 아울러 '7% 신성장'을 공약으로 내걸었다. 지식정보산업, 개인 및 공공 서비스 분야 등에서 250만 개의 신규 일자리를 창출하고, 여성과 고령자의 경제활동 참가율을 선진국 수준으로 높이는 한편, 북방 특수, 시장의 효율성 제고, 사회적 갈등비용의 최소화로 물가안정을 도모하면서 7% 경제성장을 달성하겠다고 약속했다. 그러나 참여정부 기간 중 경제성장률은 김대중 정부 기간과 같은 연 4% 수준에 그치고 있다.

우리보다 먼저 외환위기를 경험한 남미의 여러 나라들도 위기 후 심각한 투자부진과 경제 사회의 양극화로 성장동력이 약화되었던 반면에 투자부진으로 인해 경상수지는 대폭 개선되었던 바 있다. 위기를 극복하려면 위기의 원인에 대한 정확한 진단과 함께 성장과 분배에 대한 정책들을 주도면밀하게 추진해야 하는데 참여정부는 그렇지 못했다.

우선 정치·외교적 진보정책인 햇볕정책을 계승함으로써 기대를 걸었던 동북아·북방 특수가 발생하지 않았으며, 경제적 진보정책을 추구하면서 기대를 걸었던 노사화합과 사회갈등 해소도 미흡했다. 한편 유가급등의 악재가 있기는 했으나, 지식정보산업이나 서비스 산업에서도 약속한 일자리를 마련하지 못했고, 이에 따라 여성과 고령자의 경제활동 참가율도 지난 4년간 높아지지 않았다.

성장의 내용 면에서도 이전과 차별화된 것 없이 내수보다는 수출에 의존한 성장을 하였다. 외환위기 이전에는 수출이 확대되면서 성장도 같이 높아졌으나, 외환위기 이후에는 수출이 호조를 보여도 내수가 여전히 부진한 모습을 보였다. 이는 수출이 늘어도 국내 고용이 예전처럼 많이 늘어나지 않고 중국 등과의 수출경쟁으로 수출단가가 오르지 않는 반면, 유가 급등 등으로 수입단가가 크게 올라서 수출이 소비로 연결되지 않기 때문이다. 이렇게 수출여건이 어렵고, 미래의 성장주도 산업도 뚜렷하게 부상하지 않음에 따라 투자도 매우 부진했다. 1997~2005년의 기간 동안 고정투자증가율이 연평균 1%에 불과하다는 점에서 이 점은 극명히 드러난다. 성장 부진과 함께 분배도 악화되었다. 외환위기 직후, 도시근로자의 소득불평등도를 나타내는 GINI계수는 0.283에서 0.316으로 급격히 높아졌으며 이후에도 개선되지 않고 있다. 소득분배의 악화는 부유층의 소득상승이 아니라 중간 이하 계층의 소득저하에 의해 야기되었다. 외환위기 직후 1998년 중, 최상위 10% 도시근로자 가구의 소득은 전년 대비 4% 상승한 반면, 최하위 10% 가구의 소득은 전년 대비 23% 감소했다. 이러한 소득양극화 현상은 이후에도 개선되지 않고 있다. 특히 참여정부에서는 저금리와 지역균형개발에 따른 지역별 부동산가격 격차로 서민층의 상대적 박탈감이 보다 심화되었다.

저성장은 고용사정도 악화시켰다. 정부는 매년 40만 개 이상의 일자리 창출을 위해서 재정지출을 늘리는 등 많은 노력을 기울였으나, **그림 1**에서 보는 바와 같이 2003년에는 '고용 없는 성장'을 하게 되었으며, 이후에도 낮은 성장으로 매년 40만 개 이상의 일자리 창출 목표를 달성하지 못했다.

일자리뿐만 아니라 일자리의 질도 매우 중요한데, 일자리가 줄어들면서 '괜찮은 일자리(decent job)'도 줄어들었다. **그림 1**에서 보는 바와 같이 일자리 창출이 줄어들면 전체 평균임금 수준을 상회하는 산업 부문의 괜찮은 일자리는 더 많이 줄어든다. 아울러 소위 '이태백 사오정' 현상으로 일컬어지

**그림 1. 일자리 창출개수와 '괜찮은 일자리' 창출개수 추이**

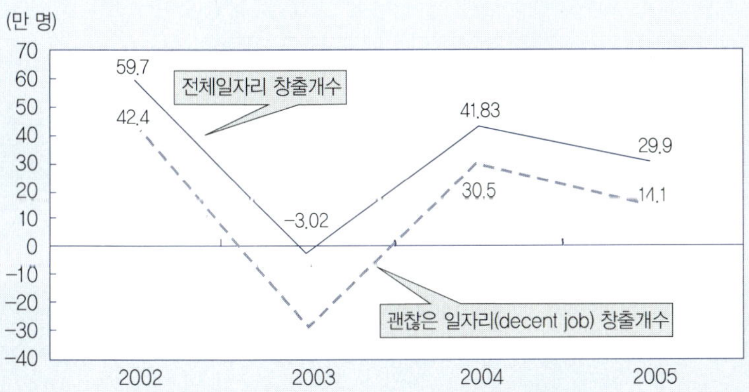


자료: 통계청 KOSIS DB 및 노동부 노동통계 DB에 의거 작성.

참고: 삼성경제연구소(2006) 자료에서 재인용. '괜찮은 일자리'는 명목임금 기준으로 전체 평균임금 수준을 상회하는 산업 부문에서 창출되는 일자리.

듯이, 가장 왕성하게 활동해야 할 청년층의 높은 실업률이 지속되고 있으며 조기퇴직 현상으로 자영업자가 과다하게 늘어나고 있다.

경기가 부진해지면 경기부양정책을 채택하게 된다. 참여정부는 경기부양을 하지 않았다고 하지만 이는 연초에 설정한 성장목표를 달성하기 위하여 무리하게 경기를 부양하지 않았다는 의미이며, 경기부양 자체를 하지 않았다는 뜻은 아니다. 앞의 표 1에서 보는 바와 같이, 참여정부에서도 저금리와 재정적자 확대를 통한 경기부양이 지속되었다.

경기가 둔화되면 저금리정책을 써야 하지만, 문제점은 저금리정책이 소기의 성과를 거두지 못했다는 것이다. 저금리가 건설투자 및 설비투자 확대로 이어지지 못하고, 주택 관련 대출 확대를 통해 수도권과 수도권 내 특정 지역의 부동산가격 급등으로 나타나면서 서민층과 지방의 상대적 박탈감을 심화시켰다. 정부는 미국의 급격한 금리인하에 따른 원화의 절상 등을 우려하여 금리를 인하하면서도 미국같이 경기를 부양하고 다시 금리를 올려 부동산 시장의 연착륙을 도모하지 못했다. 또한 국민연금 등 사회보장기여금을 제외하면 통합재정수지가 지속적으로 악화되고 있다. 사회보장기여금을 제외한 통합재정수지가 매년 적자를 보였으며, 1998~2005년 기간 동안의 누계가 120.4조 원에 달하는데 저소득층에 대한 복지지출 확대와 저성장에 따른 세수부족이 가장 큰 원인이다. 이런 요인으로 재정적자가 급속히 확대되면 재정적자가 경기회복에 크게 기여하지 못하게 된다.

한편, 2006년 10월 9일의 북한 핵실험으로 안보뿐만 아니라 경제의 불확실성이 증대되었다. 북한 핵실험 이후 우리 금융시장이 곧 안정을 되찾았고 올해 '2.13 베이징 합의'로 당장 위험요인이 되지 않고 있으나, 북한이 북핵 불능화 조치를 이행하지 않을 경우 또다시 우리 경제에 충격을 줄 것이다.

## 패러다임의 전환과 정책 기조

현재 우리 경제는 성장동력 약화, 취업사정 악화 및 소득분배의 악화가 장기간 지속되고 있다. 참여정부는 성장둔화와 양극화에 대처하기 위해 저금리 및 재정확대 정책을 시행하고 동반성장전략을 채택하였으나 소기의 성과를 거두지 못하고 부동산가격 급등의 부작용을 유발하였다. 이에 더하여 북핵 사태로 경제적 위험이 더 커졌다. 경제 불확실성이 증대하는 가운데 현재의 취약한 경제상황이 지속되면 우리 경제는 구조적 장기불황을 경험할 가능성이 높다. 현재 우리가 겪고 있는 성장둔화, 소득분배악화, 일자리 부족 현상은 외환위기 이후 장기 추세로 자리 잡고 있으므로 특단의 구조개혁을 이루지 못하는 한, 다음 정부에서도 이 같은 추세가 이어질 공산이 크다. 다음 정부도 한국 경제의 혁신을 위한 일관되고 치밀하며 신뢰성 있는 정책을 마련하지 못하는 한, 이전 정부의 실패를 답습하게 될 것이다.

장기간 지속된 문제를 치유하려면 우선 구조개혁과 혁신을 위한 패러다임의 전환이 있어야 한다. 외환위기 이전의 문제를 치유하기 위해 패러다임을 전환시켰으나, 지난 10년간 문제가 치유되지 않았다면 현재의 패러다임을 재점검하고 새로운 패러다임을 찾아야 한다.

이제는 대통령이 자신을 '좌파'라고 할 정도로 우리 국민들도 '우파'와 '보수' 및 '좌파'와 '진보'의 이념에 익숙해졌다. 어떤 이념이라 할지라도 국민의 지지를 받지 못하면 힘을 잃게 되므로 이념의 대립을 크게 걱정할 필요는 없으나, 경제사정이 악화되고 있는 현 상황에서 이데올로기적 주장과 지나친 이념대립은 불필요한 갈등을 조장하게 된다. 따라서 경험과 객관적 사실에 기초한 실용적 패러다임을 찾아가야 한다.

10년의 장기불황을 경험한 일본이 체제개혁을 내세우는 고이즈미 내각을 탄생시켰듯이, 우리나라에서도 불황 탈출에 대한 열망이 혁신에 대한 요구로 이어지면서 새로운 성장동력과 선진화의 국가 비전을 제시하는 지도자를 갈망하게 될 것이다. 혁신은 하나의 평형점에서 다른 평형점으로 조용히 움직이는 자동화된 과정이 아니고 인간이 창조하는 사회적 과정이다. 선진화를 위한 혁신 리더십이 비전을 제시해야 하는 공공정책의 핵심 문제들은 다음과 같다.

· 어떤 조세와 예산정책으로 장기적인 투자를 촉진할 것인가?

· 어떤 연구개발 전략들을 채택할 것인가?

· 장기적으로 일자리를 창출하는 사회간접자본 확충을 위한 프로젝트는 무엇인가?

· 노령화 사회를 맞이하여 노인들을 위한 연금 및 의료보험제도를 어떻게 손질할 것인가?

· 어떻게 경쟁력 있고 숙련된 노동력을 만들어 낼 것인가?

· 학교 교육과 직업 교육을 어떻게 통합할 것인가?

참여정부도 임기 초반부터 경제 시스템 개혁, 성장잠재력 확충, 지방분권과 국가균형발전, 참여복지와 삶의 질 향상 등 10대 국정과제를 제시하였으나 목적한 성과는 거두지 못했다. 이는 참여정부가 성장보다 분배를 중시하는 패러다임을 추구하였기 때문이다. 시장경제를 한다고 하면서도 시장의 불완전성과 실패를 강조하였고, 지역균형발전을 위해 시장원리에 어긋나는 규제를 남발하였다. 외환위기 이후의 4대 개혁 중 참여정부로 이

연된 정부개혁과 노동개혁은 뚜렷한 진전이 없었다. 또한 기업가의 '창조적 파괴활동'을 촉진하기보다는 '카지노 자본주의'의 논리를 내세우며 반기업 정서를 조장하기도 했다.

향후 정책 기조는 성장 둔화, 소득분배 악화 및 실업확대의 삼중고(三重苦)를 해결하는 데 두어야 한다. 정책의 핵심은 경쟁력 제고에 있다. 경쟁력을 높이려면 지식, 기술, 자본, 경영기법의 수준을 높여야 하며, 기업들이 왕성하게 활동할 수 있도록 기업활동 여건의 질을 높여야 한다. 아울러 기술이전과 창업의 원활화로 경제적 창의력이 발휘될 수 있도록 하고, 금융시장의 효율화와 경제 전반의 세계화 및 개방화로 체질을 강화하여야 한다.

시장경제 하에서 경쟁력을 높이기 위한 전통적 수단은 규제완화와 조세부담 경감이다. 향후 우리 경제를 끌고 갈 주력산업을 육성하기 위해 정부가 산업정책을 수행할 수 있으나, 정부의 지나친 개입은 바람직하지 않을 수 있으므로 산업정책은 제한적으로 수행해야 한다. 정부는 되도록 시장에 개입하지 말아야 하지만, 우리나라의 경우 시장경제의 발전이 충분치 않아서 정부가 시장의 기능을 보완할 필요가 있을 때도 있다. 이 경우에도 정부의 역할은 시장의 실패를 보완하고 시장이 원활히 작동하도록 하는 것에 그쳐야 하며, 지시와 통제로 시장을 끌고 나가려 해서는 안 된다. 정부가 나서서 기업들의 각종 애로를 타개하는 데 도움이 되도록 하고, 기업들과 함께 미래 산업의 청사진을 그려나가도록 하여야 한다.

소득분배 면에서는 붕괴된 중산층의 재건을 목표로 하되 단기간에 성과를 내려고 해서는 안 된다. 지식정보시대의 기술혁신으로 숙련 노동자와 미숙련 노동자 간의 임금 격차가 늘어나면서 단기간에 중산층 재건과 양극화 해소의 목표를 달성하기 어렵게 되었다. 따라서 사회복지정책도 양극화

해소에 초점을 맞추기보다는 노동시장 유연화와 직업훈련을 강화하여 실업 문제를 해결하고, 근로빈곤층에 대한 사회안전망을 강화하는 데 중점을 두어야 할 것이다.

노조는 노동시장을 유연화함으로써 임금격차가 확대되고 실업이 늘어날 것을 걱정하고 있으나, 직업훈련과 직업소개를 강화하는 적극적 노동시장대책으로 실업을 줄이고 임금격차를 줄일 수 있다. 특히 대기업과 공기업 중심으로 나타나는 노조의 탈법적이고 과격한 단체행동을 막고 정리해고 및 파견 · 대체근로를 원활하게 한다면, 현재 100만 명이 넘는 실질적 실업자와 노동력의 절대다수인 중소기업 노동자들에게 이득이 될 수 있다.

## 성장동력의 확충

패러다임의 전환은 성장동력의 확충에 중점을 두어야 한다. 동반성장전략을 추구하며 분배를 강조하던 참여정부는 성장과 분배의 어느 것도 개선하지 못했다. 따라서 새로운 패러다임은 성장을 통한 분배개선에 초점을 맞추어야 할 것이다.

성장은 노동과 자본의 요소 축적과 생산성 향상으로 이루어진다. 표 2는 우리나라 경제성장의 요인별 기여도를 나타내고 있다. 주당 근로시간의 단축과 생산 가능인구(15~64세)의 증가세 둔화로 말미암아 노동의 성장기여도가 급격히 저하되었으며 투자부진으로 자본의 성장기여도도 급속도로 저하되었다. 한편, 외환위기 이후 경제의 효율성 증진을 위한 구조개혁 및 제도개선 등으로 총 요소생산성의 기여도가 높아지고 있다.

**표 2. 우리나라 경제성장의 요인별 기여도(%)**

| | 경제성장률 | 기여도 | | |
|---|---|---|---|---|
| | | 총요소생산성 | 노동 | 자본 |
| 1975~1986 | 7.7 | 0.3 | 1.9 | 5.5 |
| 1987~1997 | 7.7 | 1.5 | 1.9 | 4.3 |
| 1997~2005 | 5.8 | 1.9 | 0.9 | 3.0 |
| 2000~2005 | 4.5 | 2.2 | 0.1 | 2.2 |

자료: 『한국경제 20년의 재조명』, 삼성경제연구소, 2006.

많은 경제연구기관들은 향후 우리나라의 잠재성장률이 5%를 넘지 않을 것으로 전망하고 있다. 즉 현재의 4%대 수준의 잠재성장률에서 크게 높아지지 않을 것으로 보고 있는 것이다. 그러나 경제여건을 변화시켜 잠재성장률을 크게 높인 예를 얼마든지 찾을 수 있다. 1980년대 후반에는 미국 경제의 성장률이 점차 둔화되어 1990년대에는 연 3% 성장을 하지 못할 것으로 전망한 반면, 일본은 높은 성장세를 보일 것으로 전망했다. 그러나 1990년대 들어 성장 실적은 정반대로 나타났다. 미국은 정보통신산업이 호조를 보이면서 장기호황을 경험한 반면, 일본은 장기불황을 경험하였다. 1997년의 아시아 외환위기로 싱가포르도 성장률이 저하되었으나 이후 국가경쟁력을 높이기 위한 제반 노력에 힘입어 최근에는 6%를 넘는 고도성장을 하고 있다. 아일랜드와 북구의 핀란드와 스웨덴도 위기를 기회로 활용하여 성장동력을 크게 확충한 나라들이다.

우리나라는 저출산과 인구 고령화 등의 요인으로 노동투입량의 증가세가 둔화될 것이나, 현재 청년실업률이 높고 조기퇴직자가 늘어나고 있으며 여성의 경제활동 참가율도 선진국에 비해 매우 낮은 수준임에 비추어 향후 노동수요가 증가하면 노동투입 확대가 가능하다. 투입여력이 가장 높은 것은 자본이다. 외환위기 이후 신성장산업의 발굴이 지연되고 기업들의 위험회피적 투자성향으로 투자가 부진해졌으나, 투자여건을 획기적으로 개선하면 투자가 다시 확대될 수 있을 것으로 전망된다. 또한 기술 수준의 발전이나 경제제도적 효율성을 나타내는 총 요소생산성도 외환위기 이후 경제성장에 대한 기여도가 꾸준히 높아지고 있으며, 연구개발 투자와 인적자본의 효율성 증대로 지속적으로 기여도를 높일 수 있다.

지식경제시대의 가장 중요한 성장전략은 인적자본의 육성이다. 글로벌경제시대에서 모든 국가들이 새로운 인적자본 육성전략을 세우고 있으므로 우리나라도 글로벌 경쟁력을 가지는 인적자본 육성정책을 마련해야 한다. 우리나라는 대학입시에 대한 국민의 관심이 다른 나라에 비해 매우 높아서 대입정책이 교육정책의 핵심이 되고 있으나, 입시를 위한 교육의 평준화 정책이 인적자본육성의 평준화 정책으로 확대되지 않도록 유의해야 한다. 아울러 학교 교육의 질을 높이고, 학교 교육과 직업 교육을 통합하여 경쟁력 있고 숙련된 노동력을 만들어 내는 데 주력해야 할 것이다. 또 향후 사회복지정책은 복지 및 노동을 교육과 연계하는 데 중점을 두어야 하므로 교육, 노동, 복지를 분리해서 생각하기보다는 하나의 정책으로 생각해서 복지 부문에 과다하게 배정된 예산을 교육 부문으로 돌려야 할 것이다.

다음으로 투자촉진과 혁신을 위한 환경을 정비해야 한다. 참여정부도 혁신을 추진하였으나 개혁과 혁신도시 개발을 통한 혁신을 강조함에 따라, 기업환경의 개선과 기업가의 창조적 파괴활동을 위한 인프라 구축에는 소홀했다. 또한 외환위기가 재벌기업의 과잉투자에서 비롯되었다는 인식으로 말미암아 대기업의 투자에 대해 우호적이지 않았으나, 투자의 주체인 대기업에 대한 정책을 재검토하여 과도한 규제로 투자가 위축되지 않게 해야 한다. 향후 경제선진화의 동력은 기업가의 창조적 파괴활동에서 찾아야 하는데, 이러한 경제활동이 활발하게 이루어지려면 정치적 안정, 금융시장 발전, 법과 제도로 뒷받침된 계약문화 정착의 3요소가 구비되어야 한다. 즉 기업이 안심하고 활동할 수 있도록 정책의 신뢰성을 높이고, 벤처 캐피털, 자산시장 등 금융시장을 발전시키며, 기업활동이 쉽게 이루어질 수 있도록 법과 제도를 정비해야만 한다. 아울러 연구개발투자, 기초연구 지원 등 과학기술정책도 강화해야 한다. 특히 법과 계약은 자유로운 경제활동과 시장경제의 활성화에 필수적이므로 법이 정부의 '지시와 통제'를 대체할 수 있도록 하고 노·사 간 갈등해결의 기준이 될 수 있도록 해야 한다.

산업경쟁력 강화와 신성장산업 발굴은 산업정책의 핵심이다. 산업정책의 순기능은 산업 발전의 비전 제시와 기업 간 또는 정부와 기업 간의 의견조정 및 애로사항들의 타개에 있다. 따라서 산업정책을 수립하더라도 순기능에 치중하고 재정·금융 지원에는 신중한 자세를 견지하여, IT산업, 첨단산업, 서비스산업 육성을 위한 '제한적' 산업정책을 수립해야 할 것이다. 큰 정부를 지향하는 진보적 정책수립자들은 규제완화와 조세감축에 우호적이지 않았으나, 산업정책 효과의 한계를 인식하고 규제완화, 조세감축 등을 통해 '작은 정부' 정책을 수립해야만 한다.

## 구조개혁과 제도개선

새로운 패러다임은 구조개혁과 제도개선을 통해 구체화된다. 국민의 정부 5년간 최대 화두는 경제개혁이었으며, 참여정부 들어서도 개혁이라는 말을 귀가 따갑게 들어왔다. 국민은 개혁이라는 말에 식상해 있을 것이지만 새로운 패러다임을 정립하려면 과거의 패러다임과 다른 내용의 개혁을 해야 한다. 또한 제도를 바꾸지 않고는 새로운 정책을 수행할 수 없다.

시장경제를 강화하기 위한 개혁의 주요 골격은 흔히 '워싱턴 합의(Washington Consensus)'라고 불리고 있다. 그 주요 내용은 ① 절도 있는 재정, ② 재정지출의 재정비, ③ 조세개혁, ④ 금리자유화, ⑤ 경쟁적 단일 환율제, ⑥ 무역자유화, ⑦ 외국인 직접투자 개방, ⑧ 민영화, ⑨ 규제완화 그리고 ⑩ 사유재산 강화로 정리된다.

외환위기 이후 10년간 우리는 시장경제 개혁을 한다고 했지만 워싱턴 합의의 주요 내용에 비추어 볼 때 미진한 부분이 너무 많다. 지난 10년간 재정적자의 확대로 국가채무가 크게 늘어났으며, 재정지출도 성장목적의 지출보다는 복지지출이 크게 늘어났다. 외국인 직접투자를 유치하려 했지만 큰 진전이 없었고, 공기업의 민영화는 참여정부 들어서 거의 진전이 없었다. 규제는 완화된 것이 아니라 규제의 수가 다시 늘어나기 시작했으며, 부동산가격 급등으로 토지 공개념이 확산되면서 사유재산 개념이 약화되고 있다. 즉 지난 10년간 시장개혁의 이름으로 진행된 개혁은 아직도 '미완의 개혁'으로 남아 있으므로 해야 할 일이 많다.

워싱턴 합의에 의한 시장개혁이 반드시 성공하는 것은 아니다. 워싱턴 합의를 준거로 비슷한 개혁 프로그램을 마련했던 나라들 간에도 상이한 결과가 나타났으며, 당초에 기대했던 것만큼 성공적이었던 것도 아니었다. 워싱턴 합의에 기초하여 개혁을 추진하였던 남미의 여러 나라들이 20여 년이 지난 지금도 경제적 혼란을 겪고 있는 것을 볼 때, 민영화나 경제자유화가 반드시 국가경제의 효율성을 높이지 않을 수 있다는 것도 알 수 있다.

하지만 1990년대 후반에는 그동안의 개혁 과정에서 제기되었던 여러 문제점들을 해결하기 위한 연구들이 이루어졌으며, 1990년대 후반의 새로운 접근을 흔히 '제2세대 개혁'이라고 한다. 제2세대 개혁은 일반적으로 양질의 지배구조를 목표로 하는 제도개선의 성격을 띠게 되었는데, ① 기업지배구조, ② 반부패, ③ 노동시장의 유연성, ④ WTO규범 준수, ⑤ 국제금융규범 준수, ⑥ '신중한' 자본시장개방, ⑦ 비중간적 환율제도, ⑧ 중앙은행 독립, ⑨ 사회안전망 확충, ⑩ 빈곤 축소를 주요 내용으로 한다.

제2세대 개혁은 참여정부의 개혁의 기조를 이루고 있기도 했다. 제2세대 개혁의 내용을 기준으로 평가한다면 참여정부는 기업지배구조, 반부패, 사회안전망 등에서 큰 성과를 거두었다. 그러나 개혁의 성적표인 성장과 분배가 모두 부진했으므로 전반적으로 성공하지 못했다고 평가받는 것이다.

'워싱턴 합의'에 기초한 개혁이 뚜렷한 성과를 내지 못하듯이 '제2세대 개혁' 역시 성공을 하기까지는 많은 어려움이 있을 것이다. 하지만 제1세대 개혁과 제2세대 개혁의 주요 내용을 기준으로 보면, 우리나라는 오히려 제2세대 개혁보다는 제1세대 개혁에 미흡한 점이 많았음을 알 수 있다. 즉 자유주의 시장경제를 추구한다고 하면서 실제로는 시장경제를 정착시키지 않은 상태에서 제2세대 개혁을 추진한 결과, 전반적으로 개혁의 방향을 알 수 없게 되었고 개혁이 신뢰를 받지 못했던 것이다.

경제개혁은 개혁정책의 수립, 시행, 그리고 제도화라는 과정으로 나뉜다. 개혁정책의 수립 과정에서는 압력집단의 영향력에서 벗어나 시장경제에 부합하는 방향으로 정책을 수립하여야 한다. 그러나 개혁이 시행되기 위해서는 의회나 이익집단의 지지를 얻어 제도화되어야 한다. 만약 개혁세력이

다수당이 되지 않으면 개혁의 제도화가 어려워지고 이익집단을 조정할 능력이 없다면 더욱 그러하다. 개혁의 장기적 비전만 강조되고 단기적인 가시적 성과가 보이지 않을 때, 구성원은 고통분담을 하지 않으려 하고 개혁은 제도화 단계에 이르지 못하면서 시행단계에서 정체되는 것이다.

개혁을 추진하려면 우선 지도자가 이를 추진할 만한 정치적 리더십을 갖추어야 한다. 개혁은 서로 다른 이해당사자들 간의 갈등이 해소되고 합의가 이루어졌을 때 성공할 수 있다. 그러나 갈등해소나 합의가 쉽게 이루어지지 않을 때 정치적 리더십이 발휘되어 합의를 이루게 하고, 합의가 이루어지지 않더라도 다수가 원하는 방향으로 개혁을 이루어 나갈 수 있게 된다. 개혁을 성공적으로 추진한 배경에는 지도자의 뛰어난 리더십이 있었다. 미국의 프랭클린 루스벨트 대통령과 영국의 대처 수상은 각각 대공황의 타개와 만성적 영국병의 치유를 내걸고 성공적 경제개혁을 추진하였다.

민주화 이후의 역대 대통령들이 공약으로 내걸었던 개혁을 제대로 추진하지 못하고 임기 말 위기에 처하게 되는 것은 정치경제적으로 개혁을 추진할 강력한 리더십을 형성하지 못했기 때문이다. 국민의 정부를 예로 들면, 외환위기 직후 국민의 지지를 바탕으로 강력한 리더십을 발휘하며 개혁을 추진했으나 대우사태로 개혁의 신뢰도가 떨어지면서 2000년 총선에서 승리하지 못하여 임기 후반에 올수록 소수정권의 한계를 보였다. 참여정부는 임기 초반 의회 다수당이 되면서 개혁이 힘을 받게 되었으나, 분배를 중시하는 개혁이 성과를 거두지 못하고 이해갈등의 대표적 조정수단으로 도입한 노사정위원회가 본연의 기능을 하지 못하면서 정치적 기반을 다지기 위한 포퓰리즘적 정책이 만들어지기도 했다. 민주화 이후 이해당사자들의 집단이기주의가 갈수록 심각해져 합리적 타협과 절충이 어려워졌다. 이해당사자들 간의 갈등과 대립을 조정할 중재장치도 제대로 작동하지 않았다. 보다 심각한 문제점은 다양한 이익집단들이 정책결정 과정에 참여하면서 정책의 결정이 더뎌지고, 이해당사자들의 집단이기주의에 휘둘린 것이다. 정부의 중요한 결정이 아직도 비공식적 절차에 의하여 이루어지고 있으며, 국회를 통과한 법에서도 구체적 시행내용을 정부가 정하도록 하기 때문에 정부가 행정입법을 통해서 많은 재량권을 행사하고 있다.

새로운 패러다임의 개혁이 성공하려면 우선 시장경제 정착을 위한 일관되고 명료한 원칙과 뚜렷한 목표가 있어야 한다. 이와 동시에 정치적으로 개혁이 뒷받침되어야 한다. 경제개혁은 정부, 기업, 근로자, 소비자 등이 관계되는 정치적 과정이므로 여론의 지지와 정치적 힘 없이는 아무리 좋은 개혁정책이라도 성공적으로 추진될 수 없다. 지도자의 정치적 리더십으로 이해집단들 간의 갈등을 해소할 수 있어야 한다. 또한 제도를 개선함에 있어서도, 각국의 능력과 제약사항을 충분히 고려하여 각국의 실정에 맞는 방향으로 이루어져야 한다. 미국과 유럽의 제도가 다르듯이 우리나라의 제도도 미국이나 유럽과 같을 수 없다. 앞으로 우리 실정에 맞는 제도의 탐색과 발견에 많은 시간과 노력을 쏟아야 할 것이다.

### 사회복지의 확충

외환위기 이후 중하위층의 소득저하로 소득분배가 악화되었고, 위기 이전과 같은 의미의 중산층은 붕괴되면서 양극화되었다. 그러나 소득분배 악화나 양극화가 우리나라만의 문제가 아니다. 글로벌 경제체제 하에서 세계의 거의 모든 나라가 양극화 문제를 경험하고 있다. 따라서 우리나라의 소득분배 악화는 외환위기와 더불어 1990년대 이후의 글로벌 경제 변화에 연유하는 바가 크다고 하겠다.

세계적인 소득분배 악화의 원인에 대하여 많은 연구가 이루어졌다. 글로벌 경제의 개방화로 인해 저임금 국가인 중국과 인도 등이 부상하였다. 이들과 경쟁하는 과정에서 중하위층의 소득이 저하된 측면이 있으나, 이보다는 지식정보화 시대의 기술혁신으로 숙련노동자에 대한 수요가 크게 늘어난 반면, 미숙련노동자에 대한 수요가 줄어들었기 때문으로 분석되고 있다. 즉, 지식정보화와 세계화 등 대내외 경제환경의 변화로 양극화 문제가 불가피하게 발생할 수밖에 없음을 인식해야 한다.

이렇게 소득분배가 악화되는 상황에서는 사회안전망을 강화하여 사회불안의 해소와 경제 안정을 도모해야 한다. 사회안전망은 시장경제가 원활하게 작동하기 위한 안전판의 역할을 하기도 한다. 외환위기 이후 정부는 복지 부분에 대한 지출을 꾸준히 늘려가면서 사회복지제도를 확충해 왔다. 참여정부는 역대 어느 정부보다 소득분배 개선과 사회복지 확충을 위해 많은 노력을 했으며, 2006년 8월에는 향후 1,100조 원을 들여 사회복지를 선진국 수준으로 높이는 '비전 2030'을 발표하기도 했다. 그러나 동반성장과 양극화 해소를 목적으로 한 참여정부의 사회복지정책은 소기의 성과를 거두지 못한 것으로 평가받고 있다.

성장과 분배를 동시에 강조하는 동반성장전략은 결과적으로 성장과 분배의 그 어느 것도 개선하지 못했다. 차기 정부의 사회복지정책은 참여정부 사회복지정책에 대한 평가와 반성에서 출발해야 한다. 소득계층 간 양극화, 교육 양극화, 정규직과 비정규직 간 양극화, 대기업과 중소기업 간 양극화,

IT산업과 비IT산업 간 양극화는 해소되어야 하지만, 대내외적 환경 변화로 불가피하게 진행되는 측면이 있음을 감안할 때 단기간에 성과를 내려는 정책은 오히려 부작용을 유발하여 성장과 분배의 어느 것도 개선하지 못한다.

양극화 해소와 중산층 재건이 단기간 내에 이루어지기 어렵기 때문에 복지 부분에서는 먼저 하위 계층의 복지 개선, 특히 소득 개선을 통한 복지정책의 실현에 초점을 두어야 한다. 하위층의 소득 개선을 위해서는 생계보조와 복지 확대 및 저소득층에 대한 세금 경감을 생각할 수 있다. 그러나 저소득층에 대한 지원은 이들의 소비를 늘릴 뿐 일자리 찾기에 큰 도움이 되지 않는다는 비판을 수용하여, 이 같은 복지체계의 시혜적 부분을 수정하고 빈곤 극복의 프로그램이 되도록 보완해야 한다. 최근의 사회복지 패러다임은 시혜적 복지에서 고용복지로, 다시 학습복지로 바뀌고 있다.

분배개선을 위한 사회복지가 성장을 저해하지 않으려면 사회안전망을 충실히 하는 동시에, 노동시장을 유연화하고 직업훈련과 직업탐색을 중시하는 적극적 노동시장 정책을 함께 펼쳐야 한다. 복지국가를 지향하는 유럽은 대체로 고실업의 문제를 안고 있었다. 그러나 2000년대 들어서 유럽의 강소국들은 사회복지 프로그램을 개혁하여 높은 복지지출에도 불구하고 실업률을 크게 낮출 수 있었다. 예를 들면, 덴마크는 복지와 노동시장을 동시에 개혁하여 복지지출이 학습복지를 통해 고용을 늘릴 수 있도록 하였다. 기업에게는 고용의 유연성을, 근로자에게는 고용의 안정성을 보장하는 노동시장의 '유연안정성(flexicurity)'을 실현한 것이다.

우리나라도 유럽 강소국들의 경험을 거울삼아 복지와 노동과 교육을 연계하는 정책을 펼쳐야 한다. 우리나라는 대학 진학률이 80%를 넘는 세계 최고 수준의 학교 교육체제를 지니고 있지만 학습과 훈련을 통한 직업능력

개발은 매우 뒤떨어져 있다. 현재 우리나라의 평생학습 참가율은 20%를 상회하고 있으나, 북유럽 국가들의 평생학습 참가율은 50%를 넘는다. 앞으로 복지, 노동, 교육을 연계하려면 보건복지부, 노동부, 교육인적자원부 기능의 상당 부분을 통합할 필요가 있다. 현재 근로자의 직업훈련과 평생학습은 노동부에서 주관하고 있으나, 전문대학교와 일반대학교가 평생학습기관이 되도록 해야 하며, 복지지출이 성과를 거두고 있는지 복지부가 감독 · 평가할 수 있어야 한다.

또한 소득분배 개선과 재정 건전화의 입장에서 각종 사회보장제도를 재점검하고 저소득층의 수혜 폭을 높여야 한다. 국민연금 등 각종 연금의 준비금 부족을 감안하여 연금혜택을 과감하게 현실화하고 불가피성에 대한 국민들의 이해를 촉구해야 한다.

아울러 공공과 민간 간의 효율적 복지체계를 구축해야 한다. '비전 2030'은 정부가 너무 많은 복지부담을 지고 있으므로 기업과 개인의 복지분담을 통한 다층적 사회복지 시스템 구축이 요망된다. 개인 · 기업 · 정부의 다층적 복지 시스템을 확립하게 되면, 개인이 스스로의 사회적 위험을 관리하고 기업은 근로자의 복지에 일정 부분의 책임을 지게 됨으로써 정부 중심의 복지지출을 억제하는 효과를 가져오게 된다. 또한 민간과 정부의 복지산업 간 경쟁을 통해 복지 서비스 제공의 효율성 제고를 도모해야 한다.

## 노사관계의 선진화

성장동력을 확충하고 실업을 낮추기 위해서는 생산성 제고와 함께 경쟁적이고 유연한 노동시장을 구축해야 한다. 노사관계를 선진화하여 유연한 노동시장을 만들기 위해서는 정부가 노사관계 선진화 모델을 만들어 이를 추진해 나가야 한다. 1970년대 이후 미국의 생산성 둔화는 일본이나 독일에 비해 훨씬 심각하였지만 미국의 실업률은 유럽에 비해 낮았는데, 이는 미국이 노동시장을 유연하게 만들었기 때문인 것으로 분석되고 있다. 1990년대 이후 미국 경제 호황도 신속한 구조조정을 가능하게 하는 노동시장의 유연성 때문이라고 지적되고 있다. 이러한 미국의 경험을 교훈 삼아 유럽에서도 노동시장을 유연하게 하기 위한 많은 노력이 있었는데 대표적인 국가로 네덜란드를 들 수 있다. 네덜란드는 1970년대의 경제침체를 극복하기 위해, 1982년 노조는 임금인상 요구를 자제하고 사용자는 고용을 보장하는 내용의 노사 대타협(바세나르 협약)을 이루고 침체된 경제를 회복시켰다.

우리나라는 동아시아에서 노사분규가 제일 심한 국가로 알려져 있다. 우리나라는 전체 노동력의 약 10%가 노조에 가입되어 있을 뿐이지만, 이들이 주로 대기업과 공기업의 근로자라는 점에서 경제 전반에 미치는 영향이 매우 크다. 일반적으로 노조는 대기업과 공기업 등 거대권력의 착취에 대항한다는 힘 겨루기식 노사관계와 계급주의적 노동운동을 전개하고 있다. 최근 노사분규가 극한대립 없이 평화적으로 해결되는 횟수가 늘어났으나, 법을 지키지 않는 쟁의 행태는 개선되지 않고 있다. 노사관계의 발전을 통해 높은 성장을 이루겠다고 공약한 참여정부는 노사정위원회를 상설화하고 바세나르 협약 형식의 노사정 대타협을 모색하였으나 성공하지 못했다. 경제 민주화의 역사가 짧은 우리나라에서 노사대타협을 이루기가 쉽지 않을 것이다. '노동자를 잘 아는' 참여정부에서도 노사관계가 안정되지 않는 것을 보아도 알 수 있다.

노동시장의 유연화를 위해서는 정부가 상생의 노사관계를 구축할 수 있도록 노사 간 중재와 지원의 역할을 원만하게 수행해야 한다. 노동조합이 지나치게 투쟁적이나, 그 원인 중 상당 부분은 경영자의 투명경영과 윤리경영 부족 때문이었다. 따라서 무엇보다 글로벌 스탠더드에 부합하는 윤리경영이 확산되도록 해야 한다. 그러나 노사 문제는 근본적으로 노와 사의 이해 대립으로 발생하게 되므로, 정부는 노사 문제를 기본적으로 시장원리로 풀 수 있도록 법과 원칙을 정비하고 노사관계에도 시장원리에 의한 상생의 문화가 구축될 수 있도록 해야 한다. 노조가 법을 지키지 않는 것은 정부가 '원칙 없는' 중재자의 역할을 수행하였고, 사태의 조기 진정을 도모하는 과정에서 노조가 얻는 것이 많았기 때문이다. 분규가 발생하는 대기업과 공기업의 정규직 노동자들은 사회적 취약 계층이 더 이상 아니므로, 노사 분규가 취약 계층 대책과 분리해서 자율적 처리를 유도하고 법에 정해진 테두리 안에서 타결되도록 해야 한다.

아울러 노동시장 유연성을 제고하기 위해서 도입된 정리해고, 파견근로, 대체근로제의 기능을 강화하고, 장기 존속하면서도 성과를 거두지 못하고 있는 노사정위원회 제도를 폐지해야 할 것이다. 노조도 노동운동의 목표를 임금 극대화나 고용보장에서 교육훈련 극대화로 변경하여, 평생직업시대에 근로자들이 스스로 고용 가능성을 높일 수 있도록 한다. 이제 우리나라의 근로자들은 생산성에 비해 임금 수준이 높은 편이므로, 교육 및 훈련을 강화하고 평생학습체제를 구축해서 노동숙련도를 높여야 한다. 또한 앞서 언급한 대로 노동시장을 개방하여 해외 근로자 고용을 확대해야 한다.

## 성장은 가난한 사람들을 돕는가

경제성장은 가난한 사람들, 취약계층, 미숙련 노동자들에게 도움이 되지 않을 수 있다. 성장을 하기 위하여 시장경제를 활성화하면 구조조정과 경쟁 과정에서 실업자가 더 많이 늘어나고, 가난한 사람들이 더 가난해질 수 있기 때문이다. 실제로 소득이 증가하면 소득분배가 더 악화된다는 점을 주장한 경제학자들도 있다.

그러나 최근의 많은 연구들은 가난한 사람들의 소득을 결정하는 가장 중요한 요인은 그 국가의 국내총생산(GDP)이라는 점을 지적하고 있다. 부유한 선진경제를 달성하였으나 소득분배가 불평등한 국가의 가난한 사람들은 비록 상대적으로는 가난하지만, 소득분배가 균등한 저개발국가의 가난한 사람들보다 훨씬 더 잘산다. 경제성장은 전체적인 국제경제의 발전 역사를 통해서 볼 때, 대체로 가난한 사람들에게 보다 도움이 되며, 경제성장을 촉진하는 정책도 가난한 사람들에게 도움이 된다.

한편, 경제성장은 가난한 사람들의 소득을 높일지 모르지만 부유한 사람들의 소득도 같이 높이게 되므로, 가난한 사람들은 상대적 빈곤감으로 인해 행복하지 않다고 느끼게 될 수 있다. 세계적 경제전문지 『이코노미스트』가 국민들의 행복도를 조사한 결과, 세계에서 가장 못사는 나라에 속하는 방글라데시의 국민들이 가장 행복도가 높다는 내용의 기사를 실은 바 있다. 이렇게 개개인의 행복은 상대적이라는 것이다.

행복이 상대적이라는 말은 맞지만, 그렇다고 해서 성장이 가난한 사람들의 행복에 도움이 되지 않는 것이라 말할 수 없다. 성장하는 국가에서 가난한 사람들의 비교 대상은 부유한 사람들의 소득이기도 하지만, 한편으로는 바로 그들 자신의 과거 소득이기도 하다. 과거에 비하여 잘 살게 되면 부유한 사람들에 비하여 상대적으로 못살게 되더라도 행복하다고 느낄 수 있는 것이다. 1960년대의 경제개발 초기, 도시로 몰려든 농촌 사람들은 도시 사람들을 보고 상대적 빈곤감에 좌절을 느끼기도 했지만, 농촌에서는 생각하지 못했던 소득에 하루의 피로를 잊을 수 있었다.

## 유럽형 복지정책의 교훈

유럽은 흔히 복지국가(welfare state)라고 불리고 있다. 미국에 비해 실업수당이 많고 장기간 지불하며 각종 사회보험제도도 잘 갖추어져 있다. 문제는 유럽의 실업률이 미국에 비해 엄청나게 높다는 사실이다. 프랑스와 독일의 실업률은 1960년대에는 2% 수준이었으나 최근에는 10% 수준에 달하고 있다.

이렇게 유럽의 실업률이 높은 것은 미국에 비해 풍족한 사회복지지출 때문인 것으로 분석되고 있다. 정보화 시대의 기술혁신으로 미숙련노동자에 대한 수요가 줄어듦에 따라, 미국에서는 미숙련노동자의 임금이 숙련노동자에 비해 많이 떨어졌으나 유럽에서는 미숙련노동자에게 실업수당을 여유 있게 지불함에 따라 실업이 크게 늘어나게 되었다. 즉 미국은 미숙련노동자의 임금하락으로 소득 분배가 크게 악화되었으나, 유럽은 분배가 악화되지 않는 대신에 실업자가 많아졌다.

그러나 유럽의 모든 나라들이 복지제도로 인한 고실업을 겪은 것은 아니었다. 예를 들면, 핀란드, 스웨덴, 덴마크 등 유럽 강소국들의 복지지출 비율은 미국보다 높으나 실업률은 미국보다 낮은데, 이는 복지지출을 늘리면서도 노동시장을 유연화하고 직업훈련과 평생학습을 통해 근로자의 직업능력을 향상시켰기 때문이다.

## 우리도 '폴더 모형'을 따를 수 있나

네덜란드는 제2차 세계대전 이후 견실한 경제성장을 이루었으나 1970년대 말의 오일쇼크와 세계적 경제 침체, 그리고 과도한 복지지출로 '네덜란드병'을 앓게 된다. 이때 노사정이 대타협을 하여 1982년에 바세나르 협약을 맺었다. 이 협약에서 노조는 임금 인상을 자제하고, 사용자는 근로자들의 노동시간을 줄이며 시간제 근로자를 확대하면서 근로자들의 고용을 보장했다. 이러한 네덜란드의 노사 대타협을 '폴더(polder, 간척지) 모형'이라고 한다.

참여정부는 임기 초에 폴더 모형식의 노사 대타협을 시도했으나 성공하지 못했다. 폴더 모형은 공동체적 생활에 익숙해진 네덜란드의 특수한 역사와 문화를 배경으로 하고 있다. 강소국 네덜란드는 간척지(polder)를 확장해 가며 이웃 강대국들과 경쟁하는 과정에서 자연히 공동체적 삶의 양식을 만들어 냈다. 그러나 최근에는 세계화 과정에서 노사 간 갈등이 다시 발생하면서 바세나르 협약 역시 예전만큼 잘 작동하지 않고 있다고도 한다. 민주화 역사가 짧고 신뢰와 타협의 문화를 구축하지 못한 우리나라가 폴더 모형식의 노사정 대타협을 이루기는 쉽지 않을 것이다.

# 선진국 도약을 위한 금융 혁신


## 최공필

한국금융연구원 선임연구위원

1980년 한국외국어대학교 영어학과 졸업
1989년 버지니아대학교 경제학박사
1988~1994년 대우경제연구소 특수연구실장
1994~ 한국금융연구원 연구위원
2000~2001년 샌프란시스코 연방은행 조사부 연구위원
세계은행 ADB 컨설턴트
2005~2006년 샌프란시스코 연방은행 은행감독국 선임자문역
저서 The Korean Experience with Financial Crisis, A Chronology, 한국금융연구원, 1999
Toward an East Asian Exchange Rate Regime, Brookings, 2007

## 불안한 금융 시스템

외환위기가 10년이나 지난 지금 금융 부문의 외형은 꽤 커졌지만 여러 불안한 증상들이 나타나고 있다. 우리나라뿐 아니라 신흥시장 전체가 심한 경기부침을 겪고 있으며 자금흐름은 여전히 편중된 상태다. 금융시장의 변동성도 높은 편이고 급격한 변화(sudden stops)가 나타나기도 한다. 최근의 여러 연구결과들을 보면, 신흥시장은 금융의 낙후성으로 인해 안정적인 성장구조가 정착되기 어렵다는 점을 지적하고 있다.

경제 내부의 자금흐름이 불안정하다 보니 선진국에 비해 실물경제의 부침이 심하고 금융시장의 불안정성이 높은 것이다. 실물경제의 변화가 자금흐름의 변화에 영향을 주는 측면도 있지만 분명한 것은, 금융 부문이 조그만 대내외 충격에도 매우 민감하게 반응한다는 점이다. 그 결과 실물 부문으로의 신용공급이 들쭉날쭉해지면서 안정성장의 걸림돌로 작용하게 된다.

더구나 최근에는 세계화의 진전으로 금융시장이 통합되고 세계적 불균형이 확대됨에 따라 해외요인의 영향력이 증대되었다. 우리나라의 경우 자체적인 대응능력이 크게 제고되었음에도 불구하고 조그만 충격에도 흔들리기 쉽다. 원래 금융 부문이 실물경제의 안정적인 성장을 위한 버팀목 역할을 해야 하는데 오히려 안정성장을 저해하는 요인으로 작용하고 있는 것이다.

선진국의 경우 이와 대조적으로 금융 부문의 충격흡수능력이 높아 웬만한 충격은 자체적으로 흡수한다. 따라서 자금흐름도 안정적으로 유지되기 때문에 금융이 실물 부문의 지속성장에 상당한 기여를 하고 있다.

경제가 안정적으로 성장하기 위해서는 이를 뒷받침하는 금융 시스템의 발전이 필수적이다. 그러나 우리는 외환위기 이후 10년간 금융 시스템의 구조적 개선은 소홀히 한 채 안주하고 있는 듯하다. 이는 세계적 차원의 과잉 유동성과 저금리 추세에 따른 피상적인 안정에 불과할 뿐이며 오래 지속될 수는 없다.

경제규모가 커질수록 금융의 역할도 커진다. 성장동력을 살리는 데 필요한 다양한 투자 프로젝트를 이끌어 가려면 관련된 위험을 객관적으로 파악하는 것이 중요하다. 그래야만 투자자들이 얼마만큼의 위험을 감수해야 하는지 판단해 자금을 투입할지 말지 결정할 수 있는 것이다. 어떤 사업이 유망한지를 정부가 대신 판단하고 정책자금을 몰아주는 과거의 체제는 더 이상 통하지 않는다. 이 역할을 금융 시스템이 맡아야 하는 것이다.

그렇지만 우리의 금융 시스템은 아직도 기대에 미치지 못하고 있다. 외환위기 이후 지난 10여 년간 투자침체와 양극화 현상이 두드러진 것도 금융이 후진적인 탓이다. 은행들은 시설자금보다 운전자금 공급을 늘리고 있다. 더욱이 부동산담보대출같이 위험이 적은 대출을 선호해 왔다. 위험이 높은 중소기업 대출은 정책적 배려나 정부 보증에 의존하고 있다.

**그림 1. 예금은행의 자금별 대출비중 추이**

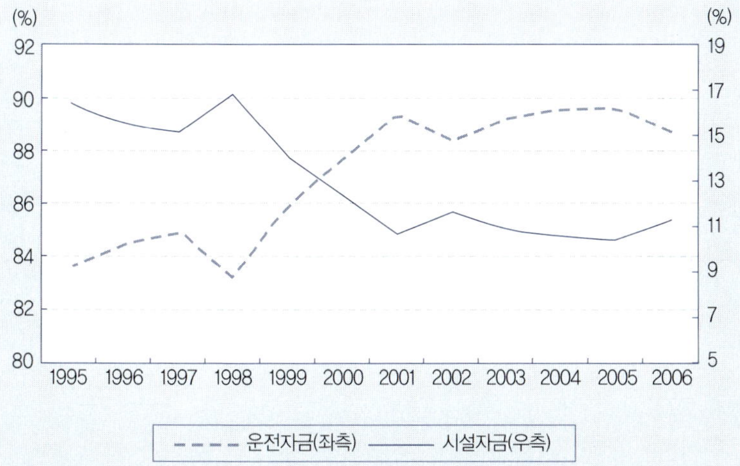


주: 총대출금에서 차지하는 비중.
자료: 한국은행.

이처럼 단순한 대출흐름은 다양한 프로젝트를 평가할 수 있는 금융 내부 역량이 현저하게 부족하기 때문이다. 자원배분의 중추적인 역할을 담당해야 하는 금융기관들이 단기적인 수익을 추구하면서 위험을 극도로 기피하는 경향을 보이고 있어 엄밀한 의미에서 위험분산역할을 제대로 하지 못하고 있다. 선진 금융 시스템으로의 도약을 기대하기가 아득한 실정이다.

**표 1. 주택담보대출 비중 추이**

(단위: 조 원, %)

| | 2000 | 2001 | 2002 | 2003 | 2004 | 2005 | 2006 |
|---|---|---|---|---|---|---|---|
| 가계대출[1] | 157.6 | 206.0 | 277.0 | 322.0 | 355.5 | 393.2 | 443.3 |
| 주택담보대출[2] | 54.2 | 86.5 | 132.0 | 153.3 | 169.7 | 190.3 | 217.0 |
| 비중 | 34.4 | 42.0 | 47.7 | 47.6 | 47.7 | 48.4 | 49.0 |

주: 1) 예금취급기관 기준.
2) 주택자금대출 포함.
자료: 한국은행.

**표 2. 회사규모별 은행대출액 증감**

(단위: 기간 중 증감, 조 원)

| | '00년중 | '01년중 | '02년중 | '03년중 | '04년중 | '05년중 | '06년중 | '07.2말잔액 |
|---|---|---|---|---|---|---|---|---|
| 은행대출 | 22.0 | △0.1 | 37.2 | 30.5 | 3.8 | 15.0 | 42.2 | 325.4 |
| 대기업 | 7.3 | △12.0 | 0.1 | △4.3 | △3.1 | 3.9 | △1.3 | 27.7 |
| 중소기업 | 14.7 | 11.9 | 37.1 | 34.8 | 6.9 | 11.0 | 43.5 | 297.7 |

자료: 한국은행.

**표 3. 단기수신 및 비중 추이**

(단위: 조 원, %)

| | 1997 | 1998 | 1999 | 2000 | 2001 | 2002 | 2003 | 2004 | 2005 | 2006 |
|---|---|---|---|---|---|---|---|---|---|---|
| 총 수신액 | 548 | 631 | 648 | 640 | 715 | 786 | 780 | 779 | 840 | 910 |
| 단기수신액 | 142 | 198 | 288 | 303 | 328 | 365 | 371 | 383 | 435 | 466 |
| 단기수신비중 | 25.9 | 31.4 | 44.4 | 47.3 | 45.9 | 46.4 | 47.6 | 49.2 | 51.8 | 51.1 |

주: 은행, 투자신탁, 종금사, 은행신탁의 수신 평균잔액 기준.
자료: 한국은행.

정부가 금융시장에 직접 개입하지 않고 통상적인 건전성 감독 차원의 조치를 취하는 것만으로는 경제의 안정 기조를 지켜내기가 쉽지 않다. 시장여건이 열악해서인지 아니면 도덕적 해이 현상이 팽배해서인지 구분하기는 어렵지만 경제 주체들은 금융감독 당국의 사전적인 건전성 감독 차원의 조치에는 별 반응을 보이지 않는다. 강력한 시장개입에 익숙해진 탓에 정부가 급박한 상황에 몰려 확실한 조치를 취해야만 움직인다. 시장안정을 책임진 정부는 사전적인 미시적 조치들이 잘 먹히지 않아서 생기는 공백을 강력한 거시정책으로 메워온 셈이다.

이렇듯 시장 시스템이 제대로 작동하지 못하다 보니 정부의 개입은 점점 강화될 수밖에 없었다. 이는 단기적인 효과를 내는 데 그칠 뿐만 아니라 오히려 취약한 경제 시스템을 고착시키고 있다. 그러나 개방이 진전되면서 전통적인 정책수단으로는 금융안정을 이루기가 어려워졌다. 외국과의 거래가 자유로운 중소국들은 정부정책의 효과가 떨어지는 현상을 피할 수 없다. 이제는 진정한 시장 자체의 조정을 통해 금융안정을 꾀해야만 하는 상황에 직면한 것이다.

우리 경제가 이 정도라도 양호한 모습을 유지하고 있는 배경에는 글로벌 기업으로 발돋움한 국내 기업들이 해외시장을 토대로 착실하게 성장해 왔기 때문이다.

그러나 내수에만 의존한 업종, 전통적 중소기업 그리고 중산층은 생존기반마저 위협받고 있다. 세계화의 영향이 상위소득층에는 새로운 기회를 주지만 중하소득층에는 기회마저 박탈하는 게 현실이다. 금융이 이 같은 소외계층을 외면하면 소득불균형은 구조적으로 고착화할 수밖에 없다.

그림 2. 소득 양극화 지수

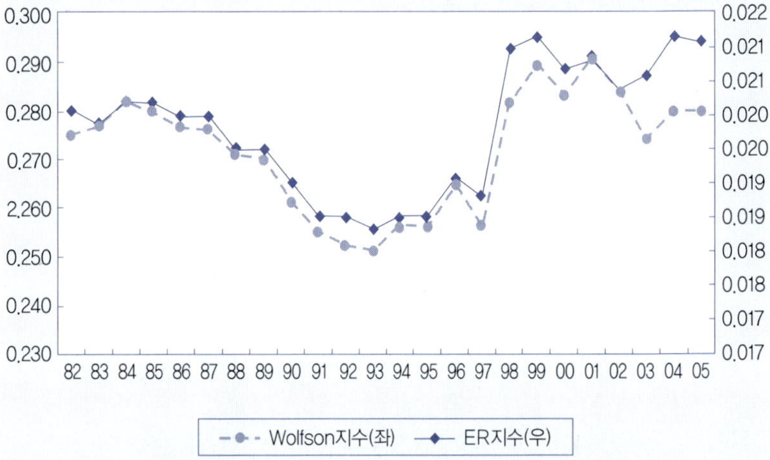


주: 1) Wolfson지수는 중위소득과 타 계층 소득 간 차이의 절대값을 이용하여 산출되는 지수로서, 중산층의 소멸 정도를 나타냄.
2) ER지수는 경제 주체들의 선호체계를 이용하여 산출되는 지수로서, 특정 소득 계층으로의 소득이 집중되는 정도를 나타냄.

이 글에서는 중산층과 중소기업이 밀려나고 있는 현실을 극복하기 위한 금융의 역할을 살펴보아 동반성장에 필요한 금융 시스템의 바람직한 모습을 모색하고자 한다. 우선 개발도상국의 입장에서 안정성장을 위한 금융의 역할을 정의한 뒤 현실과의 비교를 통해 무엇이 문제인지를 파악한다. 다음에는 문제를 극복하기 위한 대안이 무엇인지에 대해 검토하고 구체적인 실천 방안을 제시한다. 논의의 초점은 첫째, 개발도상국에서 안정성장을 구현하기 어려운 이유, 둘째, 시스템적으로 취약한 부문을 보완하기 위한 방안, 셋째, 과도기적 과정에서 갈등요인을 해소하면서 지속적인 구조조정을 통해

그림 3. 소득 불평등 지수

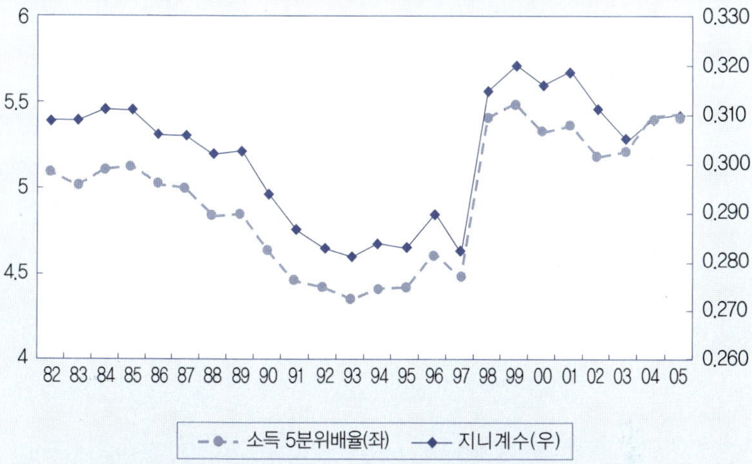


주: 1) 지니계수는 계층간 소득분포의 불균형 정도를 반영하는 지수로 0부터 1까지의 값을 가지며 0에 가까울수록 균등한 소득분배를, 1에 가까울수록 불균등한 소득분배를 나타냄.
2) 소득분위배율은 모든 가계소득을 크기 순으로 배열하고 이를 10등급 혹은 5 등급으로 분류한 후 상위소득 20%의 소득합계에 대한 하위소득 40%의 소득합계의 비율을 계산.
자료: 통계청.

시스템을 업그레이드하는 방안, 특히 중소기업금융의 활성화에 맞추어진다.

## 개발도상국에서의 금융

경제성장의 초기단계에서는 한정된 자원을 배분하는 데 있어 정부의 역할이 상대적으로 중시되었다. 특히 성장의 근간을 이루는 산업 발전을 위해 장기투자를 실시할 때 감수해야 하는 위험은 일반적으로 평가하는 것보다 훨씬 클 수밖에 없다. 이런 때 정부의 묵시적인 보증은 투자를 이끌어 내기 위한 필수적인 요소였다. 돈의 흐름이 이루어지기 어려운 여건에서 투자를 통해 성장기반을 만들어 낸다는 점에서 정부의 역할은 절대적으로 중요했다.

그러나 정부가 이처럼 빈번하게 개입하면서 정부 의존적인 투자환경을 고착화시켰다. 이는 위험산정을 왜곡하고 장기적으로 시장형성 자체를 지연시키는 부작용을 초래한다.

문제는 시장에 개입해 성공적인 결과를 얻었던 정부가 스스로 금융 시스템의 변화를 주도하기 어렵다는 점이다. 창조적 파괴나 스스로의 개혁이 중요한 시점이지만 정책결정을 주도해 온 상부 계층의 변화는 한계가 있을 수밖에 없었다. 더욱이 과거에 성공적으로 작동했던 패러다임을 어떤 방식으로 고쳐 나갈 것인가에 대한 사회적 합의를 도출하는 것도 거의 불가능했다.

이에 따라 과거 성장 패러다임과 낙후된 금융의 대가를, 양극화라는 형태로 충분히 치르고 있다. 구조개혁의 불가피성에 대한 공감대가 형성되면서 금융도 제 역할을 해야 한다는 기대 또한 높아지고 있다. 이를 위한 구조개혁에는 실질적인 지배구조상 변화가 있어야 하고 전반적인 시스템도 반드시 향상되어야 한다. 특히 금융 시스템을 제대로 업그레이드 할 수 있느냐에 따라 한국 경제가 지속적으로 성장할 수 있는지가 결정될 것이다.

## 개발도상국의 기본적 한계

개발도상국가들은 두 가지의 기본적인 한계를 안고 있다. 첫째는 국제자본시장에서 자기 나라 화폐로 채권을 발행하는 일이 불가능하다(이른바 원죄

**그림 4. 불가능한 삼위일체**

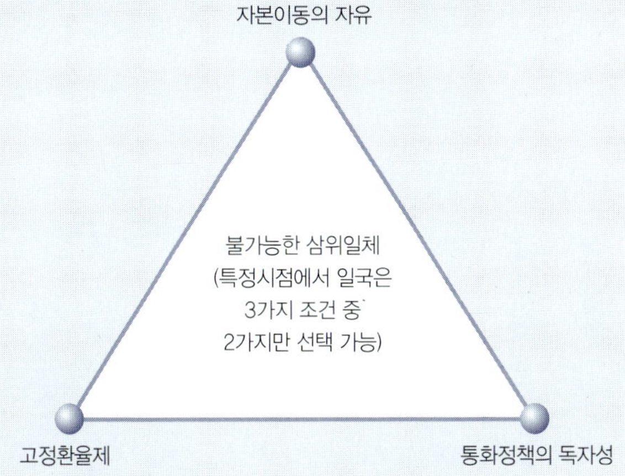


가설)는 것이다. 둘째는 자본이동을 자유화한 경우 환율안정과 금융정책의 독자성을 동시에 달성하기 어렵다는 점이다(불가능한 삼위일체 가설). 이러한 한계로 인해 금융이 적극적인 역할을 하거나 성장을 하는 데 어려움이 있다.

외환위기 이후 IMF 프로그램에 따라 진행된 금융개방과 글로벌스탠더드의 적용은 금융의 발전을 위해 불가피한 것으로 간주되었다. 그러나 이런 기준을 따를수록 금융의 영역은 축소되고 국공채 등 안전자산 위주의 투자패턴이 심화돼 왔다. 기업은 투자의 주체가 아닌 저축의 주체로 돌변했다. 기업은 과거처럼 투자를 주도하고 자금을 차입하는 쪽이 아니라 현금을 들고 있는 위험기피 단위로 전락했다. 실제로 제조업체의 현금흐름을 살펴보면 외환위기 이후 투자활동에 따른 현금지출이 영업활동에 따른 현금수입을 밑돌고 있음을 알 수 있다.

기업들이 투자를 기피하는 현상은 근본적으로 투자관련 위험에 대한 평가

**그림 5. 제조업의 현금흐름 추이**

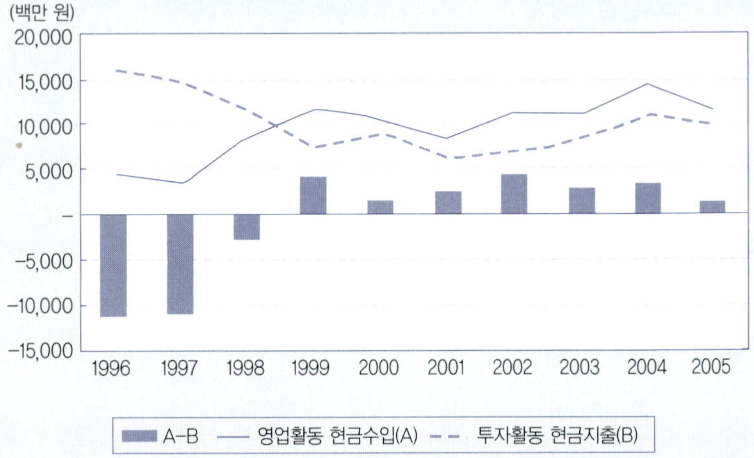


주: 업체당 평균 기준.
자료: 한국은행.

가 시장 메커니즘만으로는 이루어지기 힘든 현실에서 기인한다. 이는 과거 고도성장기의 위험분담원칙이 깨지면서 똑같은 사업이라도 기업들이 직접 부담해야 하는 위험은 더 높아졌기 때문이다. 게다가 장기금융시장이 형성되지 않아 장기간의 투자계획에 대한 위험산정은 극히 어려운 여건이다. 위험을 직접 감수해야 하는 상황을 감안하면 기업들의 투자 기피는 예상된 결과나 마찬가지다.

금융시장이 발전해서 제대로 작동하기를 누구나 원한다. 하지만 단기적인 금융안정을 위해 정부가 수시로 개입하다 보니 시장 기능의 확충이나 발전이라는 장기적인 목표는 점점 멀어지고 있는 것이다.

## 개발도상국 금융시장의 쏠림 현상과 과민반응

개발도상국가의 금융시장에서는 쏠림 현상(herd behavior), 과민반응(excess sensitivity) 그리고 단기 위주 투자 등의 특징이 나타난다. 쏠림 현상이나 과민반응은 시장작동에 문제가 있을 때 나타나는 전형적인 현상이다. 위험평가가 쉽지 않고 위험에 대한 책임소재 파악도 쉽지 않은 상태에서 나타나는 집단 현상은 당연한 결과다. 과민반응은 주어진 충격으로부터 초래될 수 있는 체제적 위험(system risk) 증가의 피해로부터 자신을 일단 보호하려는 심리로 이해된다.

이러한 환경 하에서는 실제보다 상황이 더 과장되며 불안감이 전염되는 현상이 뚜렷하게 관찰된다. 신속하게 조치를 취하지 않으면 투자손실은 순식간에 커지고 채권 확보마저 쉽지 않기 때문이다. 더구나 경영권을 포기해야 할 상황에까지 이르는 것은 누구도 원치 않을 것이다. 우리의 금융 시스템에서 위험이 제대로 평가되거나 경영권이 보호되기를 기대하기는 매우 어렵다.

쏠림 현상과 과민반응으로 인해 평가가 집단적으로 편중되어 이루어지면 위험요인도 양극단으로 집중될 수밖에 없다. 위험의 편중은 현재 큰 문제가 되고 있는 양극화의 중요한 원인으로 작용하고 있다. 시장에서의 평가가 극단적이니 당연히 자금흐름에서도 극단적인 부익부 빈익빈 현상이 나타날 수밖에 없었고 이는 외환위기 이후 산업 기반의 양극화로 나타났다. 우리 재래 전통산업의 생존 기반이 점차 약화된 배경이다. 양극화 문제는 세계적 차원에서 시장메커니즘이 작동한 결과일 수도 있으나 또 다른 관점에서는 국내의 취약한 금융 기반을 방치한 결과이기도 하다.

개방노선을 선택한 개발도상국의 현실적 조건을 감안하면 금융과 경제발전을 강조하는 것만으로는 기대만큼의 성과를 거두기가 어려운 게 현실이다. 개방의 순서나 속도를 무시한 금융자유화가 긍정적인 효과보다 부정적인 후유증을 크게 남긴 셈이다. 이를 시정하려는 노력을 본격화해야 한다.

## 세계적 불균형(global imbalance)의 조정

외부 충격에 민감하게 반응하는 신흥시장의 입장에서는 현재 본격적으로 진행되고 있는 국제적 불균형의 변화 양상에 주목할 필요가 있다. 무엇보다 2006년 들어 국제금융시장을 강타한 중국, 일본 그리고 미국발 충격은 세계적 불균형 조정 과정에서 나타난 글로벌 유동성의 변화조짐으로 볼 수 있다. 세계적 저금리 추세와 자산시장의 버블로 대표되는 글로벌 과잉유동성은 과거 10년간 지속된 일본의 장기침체와 초저금리, 아시아 지역의 막대한 경상수지 흑자 그리고 달러화 자산운용 위주의 국제 금융 트렌드에 뿌리를 두고 있다. 세계화의 진전으로 실물거래가 크게 확대됐지만 아시아 국가들은 낙후된 금융 시스템으로 인해 버블 발생 → 버블 붕괴 → 초저금리 → 투자부진의 과정을 거쳐 과잉 유동성을 일으켰다. 세계적 불균형(global imbalance)이라 불리는 경상수지의 지역별 편중 현상의 이면에서 금융자산 수급의 심각한 불균형이 확대되어 온 것이다.

그동안 세계적 차원의 과잉유동성은 곳곳에 자산시장 버블을 야기했고, 자본역류를 통해 미국의 적자를 메우는 데 활용되었다. 그러나 다른 나라들로부터의 자본유입을 통해 적자를 메우면서 세계 경제를 이끌어 온 미국 경제가 최근 서브프라임(비우량 주택담보 대출) 시장의 악화를 계기로 본격적 조

**그림 6. 달러화 기반 글로벌 유동성**

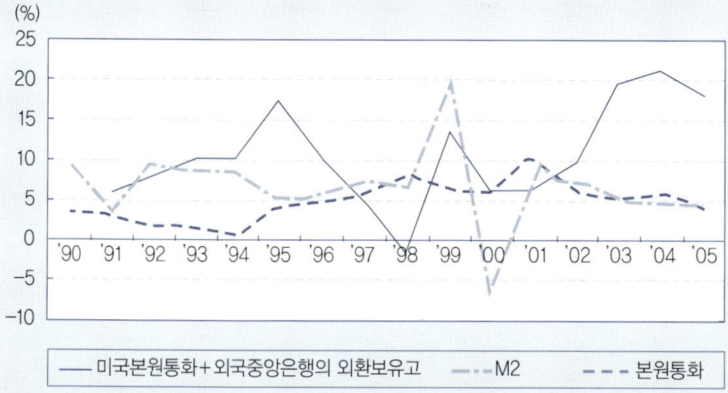


주: 전년대비 증가율.

자료: IMF, International Financial Statistics.

정국면에 진입하면서 이러한 구도가 흔들리고 있다.

체제적 준비가 미흡한 상태로 세계화가 주는 교역 확대의 결실만을 추구할 경우, 우리는 금융 부문에서 상당한 피해를 감수하여야 한다. 만약 개발도상국의 금융 시스템이 제대로 역할을 해 왔다면 지금과 같은 양극화라든가 세계적 차원의 불균형 등의 문제는 피할 수 있었던 것이다. 개발도상국들은 세계적 조정 과정에서 환율이나 금리충격을 완화하는 데 많은 재원을 투입해 왔다. 이 과정에서 낙후 부문의 경쟁력 제고를 위해 재원을 투입하기보다는 외환보유고 확충이나 담보대출 확대에 주력하면서 오히려 더 큰 위험에 봉착하게 되었다.

글로벌 과잉유동성의 조정은 무역 흑자국인 중국과 일본 그리고 적자국인 미국을 중심으로 본격화되고 있다. 중국의 경우 과잉유동성을 해소하고 경기과열을 진정시키기 위한 금융정책수단이 마땅치 않다. 금융 시스템이 취약해 환율을 조정할 여력마저 제한돼 있다. 안정화 노력에는 더 많은 재원이 소모될 전망이다. 더욱이 이 같은 속도조절 과정에서 자칫 예기치 않은 충격과 파장이 세계적으로 파급될 수 있기 때문에 필요한 만큼의 조정이 이루어지기가 어렵다.

일본의 경우도 최근 경기회복세가 본격화되고 있으나 엔화 약세 기조가 바뀔 경우 경기회복이 지속될지 알 수 없다. 버블 후유증을 이제 겨우 극복한 단계에서 금리를 급격하게 올리거나 엔화의 강세를 추진할 여력은 제한되어 있다. 따라서 국제 투자자들이 저금리의 엔화를 차입해 투자해 왔던 '엔 캐리 포지션'을 조기에 청산할 가능성보다는 포지션을 확대함으로써 장기적으로 부담이 더욱 누적될 것으로 우려된다.

미국의 경우 2000년 초 버블 붕괴 이후의 저금리정책에 힘입은 부동산 호황 덕분에 적자 속에서도 성장추진력을 확보할 수 있었다. 그러나 이제는 지속성장을 위해 저축을 늘려야만 하는 상황이다. 최근 현실로 나타난 미국의 서브프라임 사태는 기초 여건의 뒷받침 없는 신용흐름이 갑자기 악화될 수 있음을 보여 주는 사례다.

그러나 세계적 불균형의 원인을 제공하는 국가들의 조정 여력은 생각보다 크지 않다. 중국과 일본의 경우 과잉유동성을 흡수할 만한 내수기반 확충이 쉽지 않고 금융 시스템은 낙후돼 있다. 문제가 생기면 해외로 부담을 떠넘기는 방법을 선택하기가 쉽다. 미국은 금융선진국이지만 소비 수요는 많고 제조업 기반은 해외로 이전한 상태여서 적자를 축소하기가 쉽지 않다. 결국 이들 강대국들은 조정부담을 다른 곳으로 전가시킬 가능성이 높다. 이 과정에서 환율과 금리, 무역수지 등이 급변하는 경우 조정여력이 제한돼 있고 금융 시스템의 작동이 불안한 개발도상국들이 부담을 떠안을 수 있다. 개발도상국들은 중소기업과 같은 취약 부문의 보호와 육성에 투입해야 할 재원을 거시경제 안정을 위해 쏟아 부어야 할 상황에 직면하기 쉽다.

글로벌 과잉 유동성의 조정 징후가 나타난 것은 부동산 버블이나 경상수지 적자 확대가 한계에 이르렀음을 뜻한다. 따라서 앞으로는 불균형을 줄이는 방향으로 환율과 금리의 조정이 이루어져야 한다. 아니면 아시아 지역의 내수시장이 확대되거나 미국의 저축이 증가해야만 할 것이다. 그렇지만 현실적으로 세계적인 불균형을 단기에 축소할 정도의 환율과 금리 조정을 기대하기는 어렵다.

정책수단이 극히 제한된 신흥시장의 경우 이 같은 조정의 여파는 예상보다 클 수밖에 없다. 이미 자금흐름이 편중돼 있어 새로운 충격에 대응해 위험을 관리하거나 분산시키기가 쉽지 않다. 실물경제를 뒷받침하는 데 필요한 금융 시스템의 업그레이드는커녕 또 다른 위험에 대응해야 하는 부담이 가해지는 셈이다. 특히 국내은행들의 대출에 의존해 팽창한 부동산의 담보가치가 급락할 경우 실물경제 성장이 크게 둔화되는 등 버블 붕괴의 후유증이 장기적으로 남을 것이다.

자산대비 금융부채의 비율이 높은 우리나라를 비롯한 신흥시장에서는 가계 부문의 부실화로 이어질 가능성이 높다. 가계 부문은 금융기관이나 기업에 비해 위험을 이전하거나 분산하는 데 한계가 있기 때문이다. 능력에 비해 과다한 부채를 짊어지고 있어 향후 조그만 충격에도 소비가 위축되는 상황을 맞을 수 있다. 전반적으로 경제 주체들은 예상되는 충격에 대비해 취약 부

**표 4. 주요 국가별 개인 금융부채/금융자산비율 현황**

(단위: %)

| | 한국('06.6) | 미국('06.6) | 일본('06.6) | 영국('03.12) | 대만('03.12) |
|---|---|---|---|---|---|
| 금융부채<br>/금융자산 | 47 | 32 | 26 | 35 | 17 |

자료: 한국은행 「금융안정보고서」.

문을 관리하면서 충격흡수능력을 제고하는 노력을 강화해야 한다. 앞으로는 대외불균형 확대에 의존한 성장전략을 지속하기가 점점 어려울 전망이다.

글로벌 과잉유동성이 급격하게 축소될 경우 신흥시장에서는 자금이탈 등의 위험이 높아진다. 우리의 경우 과도한 부동산 관련 조세 부담으로 거래가 어려워진 상태여서 외부 충격을 받으면 신속하게 반응하기가 어렵다. 따라서 은행에 많이 의존하고 있는 중소기업의 경우 향후 위험에 대비한 현금 확보가 중요하다.

## 안정성장을 위한 금융 혁신

개발도상국가들은 금융시장제도를 갖춰가면서 자원 배분의 효율성을 동시에 추구해야 하는 어려운 과제에 직면해 있다. 당장의 안정을 꾀하려면 정부 개입이 불가피하다. 이러다 보면 시스템의 개선에는 신경을 쓰기 힘들게 되고 장기적인 안정에는 부정적인 효과를 미치게 된다.

특히 개방이 진전돼 해외 자금의 역할이 커지고 있는 상황에서 유동성 중

개가 효율적으로 이루어진다는 것은 자원배분이 효율적으로 이루어진다는 얘기와 마찬가지다. 개방으로 인해 새로운 위험요인들이 증대된 여건에서 효율적인 자원배분이 이루어지려면 무엇보다도 각종 위험을 파악할 수 있는 시장이 있어야 한다. 그 다음으로는 시장 내에서 작동할 수 있는 시장기구가 필요하며, 세 번째로는 시장이 작동할 수 있는 기반 인프라인 시장규율과 사적재산권의 보호, 법체계, 공시 및 회계제도 등의 정비가 필수적이다.

개발도상국의 가장 큰 문제는 금융 시스템이 효율화될수록 낙후 부문을 활성화시키기 어려워진다는 점이다. 효율적인 수출 부문과 비효율적인 내수 부문의 이중구조경제를 이끌어 가려면 상당한 부담이 불가피하다. 정치사회적으로도 불안이 커져 사회 합의에 기초한 정책수행이 어려워진다. 따라서 낙후 부문으로 지목되고 있는 중소기업 부문에 대한 금융의 역할은 어느 때보다도 중요하다.

글로벌 기업들은 글로벌 금융기관을 이용할 수 있기 때문에 국내 금융 시스템 작동 여부에 크게 의존하지 않는다. 그러나 대부분 열악한 상황에 처해 있는 중소기업들은 금융기관들의 소극적인 지원밖에 받지 못한다. 그렇다고 담보나 보증에 의존하는 데는 한계가 있다. 따라서 시장 여건이 작동할 수 있는 여건을 조기에 확보하되 중소기업 등 낙후 부문에 대해서는 보다 적극적으로 지원할 수 있는 지역재투자법(CRA: Community Reinvestment Act)과 같은 정책적인 노력이 강화돼야 한다. 글로벌 금융기관이 국내 우량고객들을 파고드는 상황에서 국내 금융기관들이 낙후 부문 지원의 역할까지 포기하면 구조적인 양극화는 우리의 성장동력을 소진시킬 수밖에 없다.

그러나 시장 기능의 작동이 어렵고 기본 시스템도 갖춰지지 않은 상태에서 무작정 금융의 적극적인 역할만을 강요할 수도 없다. 이처럼 어려운 여건에도 불구하고 중소기업을 키울 수 있는 금융의 역할에 대한 해결방안을 찾는 것이 우리에게 주어진 과제다.

## 혁신중소기업을 위한 금융 활성화

금융이 실물경제를 지원하려면 낙후 부문 중에서도 성장 가능성이 높은 부문을 발굴해야 한다. 미래 성장 가능성이 높으며 세계적인 수준의 기술력을 보유하고 향후 우리 경제를 이끌어 갈 핵심적인 혁신중소기업이 이들이다. 이런 기업들은 일반적으로 고용창출 및 매출증대 효과가 크고 수출경쟁력에서도 밀리지 않는다. 혁신중소기업은 연구개발단계에서부터 대규모의 자금이 필요할 뿐만 아니라 시장개척단계에 이르기까지 지속적인 자금조달이 필요하다. 그러므로 잘못 선정된 혁신중소기업에 자금이 투자될 경우 국가경제적으로 큰 손실이다.

금융이 영역을 넓혀 가려면, 중소기업에 까다로운 기존의 금융관행에서 벗어나야 한다. 역설적이지만 금융의 발전 기회는 낙후된 중소기업 부문에서 찾을 수 있다. 중소기업 관련 금융에서는 시장 실패가 빈번하게 발생할 수 있다는 점을 감안해야 한다. 기업과 자금공급자 간에 정보의 차이, 담보 부족, 수익에 대한 불확실성 등으로 자금수급이 불일치하기 쉽기 때문이다.

혁신중소기업에 필요한 금융은 성장단계별로 다르다. 창업 초기 성장단계에서는 위험도가 높기 때문에 엔젤투자자나 벤처캐피털 등의 투자를 유도하는 것이 바람직하다. 불확실성이 상당 부분 해소된 본격적인 성장단계에 들

표 5. 벤처기업의 유형별 현황

(단위: 개, %)

| | 1998 | 1999 | 2000 | 2001 | 2002 | 2003 | 2004 | 2005 | 2006 |
|---|---|---|---|---|---|---|---|---|---|
| 벤처투자기업 | 494<br>(24.2) | 845<br>(17.1) | 1,393<br>(15.8) | 1,545<br>(13.6) | 1,124<br>(12.8) | 718<br>(9.3) | 442<br>(5.5) | 330<br>(3.4) | 367<br>(3.1) |
| 연구개발기업 | 584<br>(28.6) | 917<br>(18.6) | 830<br>(9.4) | 1,292<br>(11.3) | 1,325<br>(15.1) | 1,483<br>(19.3) | 1,416<br>(17.8) | 1,425<br>(14.6) | 1,548<br>(13.0) |
| 신기술기업 | 766<br>(37.5) | 1,708<br>(34.6) | 1,668<br>(19.0) | 2,402<br>(21.1) | 6,329<br>(72.1) | 5,501<br>(71.4) | 6,109<br>(76.7) | 7,977<br>(82.0) | 8,500<br>(71.4) |
| 기술평가<br>보증기업 | 198<br>(9.7) | 1,464<br>(29.7) | 4,907<br>(55.8) | 6,153<br>(54.0) | -<br>- | -<br>- | -<br>- | -<br>- | 1,491<br>(12.5) |
| 계 | 2,042<br>(100) | 4,934<br>(100) | 8,798<br>(100) | 11,392<br>(100) | 8,778<br>(100) | 7,702<br>(100) | 7,967<br>(100) | 9,732<br>(100) | 11,906<br>(100) |

주: 괄호 안의 수치는 비중을 나타냄.
자료: 중소기업청.

어서면 은행이 나설 수 있을 것이다. 은행의 경우 안정성을 선호하는 투자가 및 예금자의 이해를 반영하여 자산을 운영할 수밖에 없다.

## 혁신중소기업 금융과 벤처캐피털의 역할

벤처캐피털회사는 성장 가능성이 높은 신생기업들에게 통상 지분투자의 형태로 자금을 공급한다. 회사 경영 상황을 상세히 공개하는 조건이다. 현재는 거대기업으로 성장한 애플, 마이크로소프트, 아마존닷컴 등의 회사도 초창기에는 엔젤투자자나 벤처캐피털 등으로부터 자금을 조달했다. 우리나라의 경우 1990년대 이후 벤처캐피털 산업이 양적으로 크게 팽창했으나 미국의 경우처럼 벤처기업 지원에 핵심적인 역할을 수행하는 수준에까지 이르지는 못했다.

**표 6. 연도별 벤처 신규투자규모 추이**

(단위: 억 원)

| | 2002 | 2003 | 2004 | 2005 | 2006 |
|---|---|---|---|---|---|
| 창업투자회사 | 6,177 | 6,306 | 6,044 | 7,573 | 7,333 |
| 신기술사업금융업자 | 2,224 | 1,564 | 1,726 | 2,004 | 2,898 |
| 총계 | 8,401 | 7,870 | 7,770 | 9,577 | 10,231 |

자료: 중소기업청.

특히 우리나라 벤처캐피털의 경우 정부 및 공공 부문의 출자비중이 높아 정부의 재정 여건과 지원정책에 따라 크게 영향을 받는다. 벤처캐피털이 혁신중소기업에 자금을 안정적으로 공급하기 위해서는 연기금 등 장기 기관투자가가 벤처캐피털에 대한 투자를 늘리도록 해야 한다. 이를 위해서는 벤처캐피털의 수익률이 높아져야 한다. 벤처캐피털은 담당자들의 전문성을 제고하는 것은 물론 M&A(기업인수합병)와 외부 경영진 인수 등 기업공개 외의 다양한 방법으로 수익률을 높일 필요가 있다. 또한 혁신중소기업에 대해 경영지원 서비스를 제공하고 이사회에 참여함으로써 해당 기업의 정보를 수집하는 것은 물론 모럴해저드(도덕적 해이)도 방지할 수 있다.

무엇보다도 새로운 시장기구가 민간의 신뢰를 얻어 가면서 시장 작동에 중요한 위치를 점진적으로 확보해 가는 것이 중요하다. 그동안 정부는 벤처

관련 기관을 줄줄이 설립하는 방식으로 인위적으로 벤처 시장을 키워 왔다. 그 결과 단기이익을 추구하는 투기 성향을 관리하는 데 실패, 벤처금융에 대한 신뢰를 땅에 떨어뜨렸다. 벤처 거품이 여러 차례 부풀었다 터진 경험이 있어 신뢰도를 회복하는 데는 상당한 시간이 걸릴 전망이다.

## 혁신중소기업 금융과 은행의 역할

외환위기 이후 개인투자가들이 안전자산을 선호하게 되면서 자금이 은행권으로 쏠리는 현상이 나타났다. 대기업들은 자체적인 수익도 늘고 직접 주식과 채권을 발행하거나 해외차입을 하기가 쉬워졌지만 그렇지 못한 중소기업들은 은행에 점점 더 의존하게 됐다. 은행 입장에서도 대기업 대출 수요는 줄어들고 가계 대출은 포화상태에 이르자 우량 중소기업을 발굴할 필요가 생긴 것이다.

그러나 은행들은 대출심사능력이 부족한 데다 중소기업을 심사하는 데 상대적으로 많은 비용이 들어, 부동산 및 서비스 관련 부문에 담보 위주로 대출하는 데 치중하는 경향이 나타났다. 우량 중소기업을 선별하는 금융 본연의 기능은 제대로 하지 못하고 있는 것이다. 중소기업에 대한 최대의 자금 공급줄이라는 점을 감안해서 은행들은 혁신적인 중소기업의 자금수요를 충족하는 데 중추적인 역할을 담당할 수 있도록 노력하여야 한다.

은행은 기업과 오랜 기간에 걸쳐 협력적인 관계를 맺고 다양한 금융 서비스를 제공하는 '관계형 대출'을 활용할 수도 있다. 이를 통해 혁신중소기업을 선별하는 능력이 높아짐으로써 신용대출도 보다 과감하게 확대할 수 있다. 기업 입장에서는 성장 초기단계에 드는 높은 자금조달비용을 낮출 수 있고 은행과 안정적으로 장기거래를 할 수 있게 된다. 혁신중소기업이 성장해 주식이나 채권을 직접 발행하는 등 다양한 형태로 자금을 조달하게 되는 경우에도 은행은 그동안 축적한 기업정보를 기초로 지원하는 기능을 수행함으로써 상호 이익을 주고받을 수 있다.

은행과 기업 간 관계를 강화하기 위해서는 전문인력 육성과 대출 위험 분산, 지역밀착형 지방은행 육성 등의 전략이 필요하다. 혁신중소기업의 신용을 분석하고 관계를 꾸준히 관리하는 전문가를 체계적으로 양성하는 것이 중요하다. 또한 은행과 자산유동화 전문회사가 파생금융상품 등을 활용해 대출위험을 분담토록 유도하는 것이 좋다. 지방에 있는 혁신중소기업에 대해서는 해당 지역을 잘 아는 지역밀착형 지방은행의 영업기반을 강화할 수 있도록 지방은행 간 정보교환 등 업무제휴를 활성화하는 방안을 적극 추진하는 것이 바람직하다.

## 혁신중소기업 관련 보증제도 개선방안

혁신중소기업을 효과적으로 지원하고 금융 서비스 격차를 해소하기 위한 금융 서비스 기능의 체계화 및 효율화는 매우 시급한 과제라고 할 수 있다. 이를 위해서는 공적 보증의 기능과 역할을 재정립할 필요가 있다. 그동안 정부는 신용보증기금, 기술신용보증기금, 지역신용보증재단 등의 공적 보증기구를 통해 중소기업에 대한 보증을 지원해 왔다. 이러한 보증정책은 금융시장이 미성숙한 경우 정부가 직접 개입하되 금융회사도 함께 보호할 수 있는 시스템으로 장기간 유지돼 오고 있다. 하지만 보증 기능을 효율화하고 금융시장의 역할을 확대하기 위해서는 이러한 시스템을 전반적으로 재조정할 필요가 있다.

우선, 창업단계나 성장 초기단계에 있는 혁신중소기업의 보증 기회를 확대하기 위해 성숙단계에 이른 중소기업에 대한 보증은 최소화해야 한다. 동시에 소액보증을 확대하고 보증기업 수를 늘리는 방안이 바람직하다. 둘째, 부분보증비율을 낮춰야 한다. 보증을 확대하는 경우 불가피하게 보증기관의 손실도 증가한다. 이를 최소화하기 위해 대출금 중 보증기관이 보증하는 부분의 비중을 낮추고 대출금융기관이 신용으로 대출하는 비율을 높임으로써 금융기관이 스스로 신용평가 기능을 강화토록 해야 한다. 이처럼 부분보증비율이 낮아지면 보증기관의 부담은 줄어들고, 금융기관은 신용평가를 강화해 보증사고를 줄이려는 노력을 하게 될 것이다. 셋째, 상호형 보증기구의 설립과 여신 · 투자 혼합형 보증상품의 도입 등을 통해 보증 대상 기업의 위험분담을 확대하고 보증기관의 수익성을 제고하는 방안을 고려해야 한다.

## 혁신중소기업 관련 기업평가 활성화 방안

혁신중소기업 금융은 혁신적이고 기술력이 있는 중소기업에 자금을 공급하고 기업은 이를 운용해 다시 투자자에게 돌려주는 순환 과정을 의미한다. 그런데 현재 우리나라에서는 이러한 순환 과정이 실질적으로 차단되어 있다. 은행 등의 금융기관들이 높은 위험을 이유로 신용에 기초한 자금 지원을 꺼리고 있기 때문이다. 근본적인 이유는 혁신중소기업의 객관적인 재무정보를 이용해 기업가치를 평가하는 것이 쉽지 않기 때문이다. 혁신중소기업은 일반기업과 성격이 달라 일반적인 평가기법을 그대로 적용할 수가 없다. 또한 기업금융을 담당하는 금융기관들이 혁신중소기업 금융을 기피함에 따라 금융기관들이 보유한 기업평가 노하우마저 제대로 활용되지 못하고 있다. 신뢰할 만한 기업정보가 부족하고 전문인력이 많지 않은 탓도 있다.

혁신중소기업에 대한 기업평가가 부진하면 투기적인 투자행태가 만연하고 결과적으로 혁신중소기업 금융이 위축될 수 있다. 미국의 경우 1998년부터 벤처캐피털 부문으로 자금이 급속하게 유입되기 시작해 2000년에 벤처투자가 절정에 이르렀다. 그러나 과잉투자가 해소되면서 벤처캐피털 시장이 급속히 위축됐다. 우리나라의 경우에도 벤처캐피털 회사의 수가 1998년에서 2000년까지 무려 2배 가까이 급증하는 등 벤처 붐이 형성됐다가 2000년 하반기부터 벤처투자가 감소하였다.

혁신중소기업 금융을 활성화하기 위해서는 기업평가 관련 인프라를 구축하는 것이 중요하다. 무엇보다 개별 벤처캐피털 전문가의 성과를 객관적으로 측정하고 차별화할 수 있는 시스템을 정착시킴으로써 기업평가를 책임지는 전문가를 양성할 필요가 있다. 또한 현재 운영 중인 KBAN(Korea Business Angel Network)에 재원과 인력을 확충해 혁신중소기업 관련 투자정보를 적극적으로 생산하는 한편 투자자 교육을 통해 불안감을 해소시키고 널리 홍보할 필요가 있다.

KBAN: 중소기업청의 정책사업으로서 한국컨설팅협회에서 사무국을 운영하는 투자 종합지원기관. 2003년 5월 29일 기존의 22개 엔젤클럽을 중심으로 결성됨.

## 사모투자펀드 활용 방안

최근 사모투자펀드(PEF)가 중심이 되어 중소기업의 인수와 경영개선을 통해 기업가치를 제고할 필요성이 제기되고 있다. 특히 혁신적인 기술을 보유한 기업이지만 제품 상용화를 위한 원활한 자금조달이 어려운 기업을 대상으로 자금을 효과적으로 지원하는 것이 긴요한 과제로 대두되고 있다.

우리나라의 중소기업은 대기업에 비해 저평가되어 있고 기존 경영진의 경영능력도 떨어지는 편이다. 이는 뒤집어 보면 향후 국내 PEF들에게는 많은 이익을 돌려주는 매력적인 투자대상이 될 수 있다는 얘기다. 혁신중소기업의 경우 기술력은 높으나 경영관리 및 자금조달력이 취약하므로 PEF의 경영 참여가 혁신중소기업의 성장성을 제고할 여지가 크다.

혁신중소기업 지원을 위한 PEF시장의 활성화를 위해서는 다음과 같은 정책적 지원이 강구되어야 할 것이다. 우선, 혁신중소기업의 성장 가능성을 정확히 판단할 수 있는 PEF 자산운용 전문가를 보상체계 개선 등을 통해 육성함으로써 PEF의 신용평가 기능을 강화해야 한다. 또한 연기금 등 기관투자자의 PEF 참여를 활성화함으로써 PEF의 대형화를 촉진하는 동시에 자금조달의 안정성이 높아지도록 유도할 필요가 있다.

## 파생상품시장의 개발육성

중소기업 부문은 위험요소가 많은 관계로 전통적인 금융기법으로는 접근하기가 쉽지 않다. 우리나라의 경우 시장 평가를 받을 만한 여건을 갖춘 기업이 많지 않고 평가 기준도 획일적이기 때문에 기업내재가치를 산정할 때 지나치게 엄격한 잣대를 들이댈 우려가 있다. 거미줄같이 얽힌 보증이나 보험제도로 인해 관련 시장 인프라를 구축하는 것도 쉽지 않다.

따라서 지금부터는 중소기업 관련 위험을 파악하고, 담보할 수 있는 위험을 분리해 증권화한 뒤 거래시킴으로써 위험을 분산시키는 작업을 강화해야 한다. 단순한 펀드 구성이나 보증제도의 보완만으로는 얽혀 있는 실타래를 풀기가 어렵다. 하지만 다행히 금융 부문의 눈부신 발전 덕택에 자산담보부증권(CDO: Collateralized Debt Obligation) 등 다양한 구조화 증권을 개발할 수 있는 방법이 있다. 국제기구의 협조를 얻어 개발도상국 위험을 고려한 채권발행도 가능하다. 관련 금융 기능이 취약하다면 투자은행의 유치를 통해 관련 업무를 대행시키고 이들과 협조해 가면서 금융기법을 익히는 방법으로 전문인력을 적극 육성할 필요가 있다.

만약 개발도상국가 고유의 위험이 파악되지 않아 거래가 불가능하다면 위험 파악을 위한 파생상품을 개발함으로써 금융시장을 이용할 수 있도록 해야 한다. 지금 당장 이러한 노력을 강화하지 않으면 우리나라는 고령화 추세로 인해 미래 소득흐름에 대한 불확실성이 크게 높아지면서 상당한 어려움에 봉착할 수밖에 없다. 현재는 위험에 대비하는 차원에서 자산축적에만 치중하고 있기 때문에 향후 세계적인 차원에서 각종 자산가격의 변동이 본격화되면 그동안 위험관리노력에도 불구하고 시스템 차원의 위험이 높아질 가능성도 배제하기 어렵다.

아무리 예상되는 위험이라 할지라도 위험 자체의 성격상 분산이나 헤징(위험회피)에 상당한 준비와 시간이 필요하다. 그러나 빠르게 진행되는 고령화 속도에 비춰 보면 지금 금융 부문의 준비 상황은 매우 미흡하다. 정부는 지금까지 일관되게 추진해 온 자금 지원이나 보증과 관련된 역할에서 벗어나야 한다. 시장 참여자들이 스스로 위험을 파악하고 대비할 수 있는 여건을 만들어 주는 것을 최우선으로 삼아야 한다.

이미 세계적 불균형은 조정국면에 접어들어 거시경제의 안정을 지키는 것 자체가 쉽지 않은 상황을 맞을 가능성도 있다. 중소기업 부문의 구조조정을 위한 시간과 여건이 충분치 않다는 의미다. 이를 방치할 경우 우리는 성장동력을 키우는 것보다 사회 구성원 간의 갈등을 해소하는 데 자원을 투입해야 하는 상황을 맞을지도 모른다.

향후 우리의 성장동력을 지켜 나가면서 구조적인 취약성도 극복하려면 금융의 역할을 통해 잠재된 위험을 파악하고 그에 맞춰 자원을 효율적으로 배분해 나가야 한다. 초기에는 부작용이 있을 수 있으나 이를 극복함으로써 보상받을 수 있다. 우리가 이런 금융 시스템의 작동을 기대할 수 없다면 귀중한 성장 기회도 놓치게 될 것이다. 아무리 경제안정을 쉽게 지킬 수 있다고 하더라도 시장의 힘이 아니라 정부의 정책지도로 이루어졌다면 그 효과는 오래가기 어렵다.

거듭 강조하지만 글로벌 시대에 우리에게 필요한 것은 소중한 재원을 효율적으로 배분할 수 있는 금융 시스템이다. 이제 시스템 작동의 걸림돌로 작용했던 장애요인들을 시장 평가에 점진적으로 노출시켜 자원배분의 효율성을 높여야 한다. 이러한 여건이 확보되지 않을 경우 우리의 빠른 고령화 속도는 엄청난 재정부담과 금융 시스템의 마비로 이어질 수도 있다.

## 정책적 시사점

위기 이후 10년 동안 우리 경제는 괄목할 만한 변화를 보여 왔다. 세계적으로 유례를 찾아볼 수 없는 빠른 위기 수습과 극복 과정에서 세계시장에서의 위치도 확고해졌다. 하지만 이러한 성공에도 불구하고 우리 경제는 여전히 안정성장 궤도에 진입하지 못하고 있다. 새로운 궤도 진입에 필요한 추진력도 부족한 데다 기존 체제를 유지하고 작동하는 데 필요한 유지비용이 크게 늘어나고 있기 때문이다. 수출로 확보된 성장 추진력을 국내 경제의 활력으로 연결시키는 변속장치(transmission)인 금융 시스템은 낙후돼 있을 뿐만 아니라 그 유지마저 부담스러워지고 있다. 특히 실물경제를 지지하는 차원에서 금융의 역할은 매우 미흡하다.

금융은 낙후된 부문의 생산성을 제고하면서 새로운 성장동력을 키우는 데 결정적으로 중요하지만 우리나라 금융의 현실은 안전한 곳만 찾아다니는 초보적 수준을 크게 벗어나지 못하고 있다. 오히려 금융 시스템의 역량이 부족한 결과로 나타나는 자본 유출입 확대와 과잉유동성의 처리에 거의 모든 정책노력이 집중되고 있다. 자금의 효율적 배분이나 위험의 분산 같은 질적 측면은 중요 이슈로 부각조차 되지 못한다. 고용의 중요 부분을 차지하는 중소기업 부문에 대한 금융의 역할은 정부 정책에 따라 자금을 공급하는 통로 역할을 하는 데 국한되어 있다. 실제 우리가 처한 자유로운 자본 유출입 환경하에서는 환율을 안정시키면서 동시에 금융정책도 효과적으로 달성하기는 어렵다. 대체 엔진이 구비되지 않은 상태에서 보완적 차원의 정책으로는 한계가 있을 수밖에 없다.

이러한 와중에서 우리 금융 시스템은 경제도약에 필요한 역할에서 점차 멀어지고 있다. 오히려 단순한 신용공급에 치중하다 보니 중소기업 부문같이 고용창출효과가 큰 비교역재 부문의 잠재적 성장동력을 무력화시키고 있다. 여기서 우리가 주목해야 할 것은 첫째, 현실적으로 미래에 대한 투자를 못하고 있는 것은 금융 시스템의 문제 때문이라는 점이다. 우리의 금융 시스템은 세계적 과잉유동성을 처리하지 못할 정도로 낙후돼 있어 부동산 거품을 관리하는 데 큰 어려움을 겪고 있다. 더욱이 통합된 국제 자본시장에서 버블이 해소되고 세계적 자산수급이 균형을 찾아가는 과정에서 환율과 금리가 예상치 못한 방향으로 움직일 경우 위험분산 여력이 제한된 우리 경제에는 장기침체 요인으로 작용하기 쉽다.

둘째, 시장 인프라가 갖추어지지 않은 상태에서 해외자본 유출입은 불태화(통화 흡수) 부담과 아울러 각종 버블과 쏠림 현상, 전염효과 및 변동성 확대 등 시장 왜곡요인으로 작용하고 있다. 시장안정비용이 크게 늘어날 수밖에 없다.

셋째, 시스템 전반에 걸쳐 도덕적 해이가 만연해 있다. 책임소재를 파악하기 어려운 의사결정구조로 인해 정부 개입이 있을 때까지 단기적인 차익을 추구하는 것이 최선의 선택으로 부각되고 있다. 게다가 외환위기 이후 대두된 사회안전망 확충 요구나 급속한 인구 고령화는 성장 잠재력 확충과 연결되지 못한 일과성 지출을 강요하고 있다. 운용기반이 취약한 연기금제도나 소득 보전적 성격의 각종 계약저축제도도 상당한 위험을 안고 있다. 정부의 묵시적 보증과 개입으로 보호 유지되는 여건에서 미래로 향한 시야가 차단됐기 때문이다.

넷째, 몇몇에 국한된 시장 참여자만이 주도적 역할을 하고 있는 상태에서 각종 제도개선도 시장 작동의 본연의 모습과는 거리가 멀다. 실제 내실 있는 시장 발전보다는 글로벌 체제에 편입 가능한 요소와 그렇지 않은 요소 간의 격차가 확대되고 있다.

다섯째, 양극화로 인해 자체 시장의 토대를 상실한 한국의 글로벌 기업들은 해외 진출을 모색하기에 급급하고 투기적 해외 자본은 우리 시장에서 과도한 영향력을 행사하고 있다. 실물과 금융 부문의 수급기반 괴리는 실로 심각한 상태이다. 특히 자본 유출입의 구성을 볼 때 우리 금융 시스템이 지속적으로 개선될 것으로는 보이지 않는다.

글로벌 환경에서의 성장 추진력을 확보하려면 특히 금융 측면에서 세계적 차원의 준비가 필요하다. 첫째, 우리나라를 포함한 아시아의 대부분 국가들은 수출과 자산축적만으로는 안정성장을 지속할 수 없음을 인식해야 한다. 성장의 결실을 미래의 성장으로 전환시킬 수 있는 금융 시스템의 육성이 무엇보다 중요하다. 국가의 경제규모가 문제가 된다면 역내 협력을 통해서라도 안정적 금융 시스템을 갖추어 나가야 미래에 후손들이 결실을 볼 수 있을 것이다. 전문 인력이 문제가 된다면 적극적 인력 교환 및 훈련제도를 통해 인적 자본을 확충해야 한다. 세계적 차원의 자산운용능력이야말로 글로벌 환경에서 우리의 것을 지킬 수 있는 유일한 방패이다.

둘째, 금융 발전의 저해요소를 과감히 청산하는 주도적인 실천이 절실히 필요하다. 금융 시스템의 원활한 작동에 필요한 제반 요소가 무엇인지 철저히 파악하고 확보해 나가야 한다. 시장 실패를 메우는 정부의 역할과 금융기관의 자발적 위험관리 노력이 뒤죽박죽인 상황에서 시장 발전은 기대하기 어렵다. 정책 담당자들은 단기적인 시장안정에만 급급하지 말고 공정한 경쟁구도를 만들어 가는 진정한 지도력을 발휘해야 한다. 지속 가능한 범위 내에서 성장탄력과 형평성의 상충관계가 극복되도록 유도하는 것이야말로 세계화 속의 국가적 지도력이다. 또한 금융기관들은 다양한 요구에 부응하기 위해 지금보다 글로벌한 관점의 전략을 적극 구사하면서 포트폴리오 위험분산 차원의 해외 시장 진출에 나서야 한다.

셋째, 국제기구들의 정책권고는 보다 현실적이어야 하며 국내 금융기관들은 해외 기구들의 글로벌 스탠다드를 무조건 받아들이는 관습에서 벗어나야 한다. 지금까지 국제 금융기구들의 정책 권고는 통합된 금융시장 안정에 긍정적 효과를 보였다. 하지만 개발도상국 시장 여건에서 간과되기 쉬운 지배구조 개선이나 시장기구 형성과 같은 문제에는 속수무책이었다. 무엇보다 선진국의 입장에서 개발도상국 경제의 빠른 치유를 선호한 결과로 볼 수 있다. 예를 들면 외환보유고의 과도한 누적은 위험요인에 대한 단선적이고 극단적 대응으로서 안이한 정책 권고의 결과이다.

넷째, 금융 이외 부문의 역할도 금융 부문 발전을 위해 매우 중요하다. 특히 법질서의 준수나 사회안전망 확충은 지속성장을 위한 자발적 차원의 노력이 되어야 한다. 조세적 재분배정책은 우수 인력과 자본 등 생산요소가 해외로 빠져 나가게 만들어 성장탄력을 떨어뜨린다. 견고한 성장이 약속되는 미래를 기대할 수 없으면 자본축적도 불가능할 것이다. 조세 재분배정책은 저차원적인 나눠먹기는 될 수 있어도 한 단계 높은 차원의 공동체 의식의 형성에는 걸림돌이 된다. 물론 성장과 고용은 민간 부문이 이끈다는 점을 망각해서는 안 된다. 지금은 이러한 과제를 역내 차원에서 적극적으로 추진하기 위한 미래지향적 지도력이 그 어느 때보다도 절실하다.

다섯째, 실물경제를 뒷받침하는 금융의 긍정적 역할은 중소기업 금융의 활성화에서 찾아야 한다. 개발도상국 금융의 역할을 제약하는 국제적 기준은 우리 실정에 맞게 보완하고 외환시장과 금융시장 간 역할 분담과 정책 비중은 사회적 비용을 감안해 판단함으로써 금융의 긍정적 역할을 제고해야 한다. 또한 시장을 통한 위험의 파악과 분산 관행이 자리를 잡으려면, 체제적 위험과 개별 위험 간의 상충관계를 완화할 수 있는 시장의 역할제고와 금융감독의 제자리 찾기가 전제되어야 한다. 지금처럼 집단적인 보험 차원의 시장개입이 진행되는 가운데서는 개별 차원의 도덕적 해이가 만연할 수밖에 없고 이는 시장에 참여하지 못하는 납세자들의 부담 증가로 이어지게 마련이다. 위험을 감수하는 주체와 비용이 명확히 밝혀지도록 시장이 투명해져야 비로소 실물경제의 발전과 상호관계를 유지하는 긍정적 금융의 역할을 기대해 볼 수 있다.

여섯째, 눈부신 금융기법의 발전은 위험의 파악과 이전을 통해 상당한 위험분담(risk-sharing)효과를 주고 있다. 과거엔 어려웠던 투자계획이 요즘 들어 가능해지는 이유는 바로 위험분산을 통해 투자 주체가 수용할 수 있도록 위험수준을 낮추었기 때문이다. 그러나 이러한 기법이 제대로 정착되려면 시장 평가가 중시되는 투자환경을 만들어 가야 한다. 정부의 선도적 역할이나 묵시적 보증 없이는 꼼짝하지 않는 소극적인 위험 수용 태도는 과거 수십 년간 정부 주도로 이루어 낸 성장 패러다임의 결과이다. 앞으로 실물 지원을 위한 금융의 역할은, 경제규모가 세계 11위 수준으로 확대된 것을 감안해 자원배분의 효율성을 제고하는 것에 맞춰져야 한다. 즉, 우리 성장 잠재력의 확충에 필요한 다방면의 투자가 가능토록 하는 것이다. 이는 결국 정부의 주도나 판단이 아니라 위험의 파악 및 분산과 연관된 일련의 시장 원리에 기초해야 한다. 아무리 시장 실패가 당연시되는 부문이라도 가급적 시장평 가를 통한 위험산정과 투자계획의 실천이 실패 가능성을 줄여 주기 때문이다.

마지막으로 세계적 불균형 조정 과정에서 상당한 위험에 노출되어있는 중소기업 부문으로서는 각별한 주의가 요구된다. 우선 정부는 향후의 정책기조를 조정 부담이 적게 나타날 수 있는 방향으로 잡아나가야 한다. 세계적 불균형 조정 과정에서 당장의 안정을 위해 정책에만 의존하는 자세로 일관하다가는 취약 부문도 못 지키고 안정기조마저 흔들리기 쉽다. 금리와 환율의 급격한 조정을 수반한 조정 과정을 회피하려면 금융의 적극적인 역할을 토대로 흑자 국가의 내수 진작과 적자 국가의 저축 증가를 도모하는 것이 바람직하다. 단기 안정에 주력할 경우 조정 부담이 누적되고 이에 따라 초래될 급격한 충격은 체제적 위험(systemic risk)을 높일 수 있다. 무엇보다도 자산시장의 조정이 본격화되기 이전에 생산성이 낙후된 중소기업 등 비교역재 부문의 생산성 제고를 위한 투자를 우선적으로 도모하는 것이 바람직하다. 버블화를 초래하지 않는 투자 기회의 발굴을 통해 성장동력을 확보해야 향후 조정부담을 이겨낼 수 있는 현금흐름이 확보되기 때문이다. 이를 위해서는 안정적이고 다변화된 국내 신용의 공급이 관건이다.

**표 7. 제조업과 서비스업의 부가가치 생산 증가율 추이**

(단위: %)

| | 1997 | 1998 | 1999 | 2000 | 2001 | 2002 | 2003 | 2004 | 2005 | 2006 |
|---|---|---|---|---|---|---|---|---|---|---|
| 제조업 | 4.9 | -7.9 | 21.8 | 17.0 | 2.2 | 7.6 | 5.5 | 11.1 | 7.0 | 8.3 |
| 서비스업 | 5.1 | -3.9 | 6.6 | 6.1 | 4.8 | 7.8 | 1.6 | 1.9 | 3.0 | 4.1 |

주: 2000년 가격 기준, 계절조정.
자료: 한국은행.

결론적으로 현 시점에서 필요한 세계적 차원의 조정은 가격 변수나 유동성에 영향을 주는 직접적 청산보다는 새로운 투자 기회 창출과 파생거래를 이용한 위험이전(risk transfer) 등 간접적인 위험관리가 바람직하다. 특히 신흥시장의 경우 금융 부문에서의 급격한 유동성 변화로 초래되는 실물경제의 부작용을 감안하여 신용흐름의 안정화에 역점을 두는 위험 관리 노력이 절실하다. 무엇보다도 자산 포지션 변화로 초래되는 자금흐름의 역류 현상을 방지하기 위한 헤징 전략을 강화해야 한다. 또 부동산을 포함한 자산거래의 활성화를 통해 충분한 시장유동성을 유지하면서 재래시장이나 중소기업 부문 등 낙후 내수 부문의 성장탄력 제고를 우선적으로 도모해야 한다. 중소기업 부문에서 혁신 주도의 금융 기능을 통해 생산성이 향상된다면 우리는 대내외적 제약 하에서 실물 지원을 위한 금융의 진정한 역할을 확인하는 셈이다. 물론 현실적으로는, 실물 부문 지원을 위한 금융의 역할 자체가 자칫 세계적인 불균형 조정국면에서 실종될 가능성이 있음을 고려해 비상계획 차원의 전략을 세워야 한다.

## 세계적 불균형(Global Imbalance)

'세계적 불균형'은 미국이 막대한 무역수지 적자와 재정 적자를 내면서 이를 메우기 위해 다른 지역들로부터 유입되는 자금에 의존하고 있는 현상을 의미한다. 기존의 아시아 국가들 외에 중동의 석유 수출 국가들이 고유가 덕으로 대규모 경상수지 흑자를 내 달러를 벌어들이는 데 비하여 미국은 2005년 국내 총생산의 7%(약 8,000억 달러)에 육박하는 사상 최대의 경상수지 적자를 기록하였다. 이렇게 미국을 빠져나간 달러가 미국 재무성이 발행한 채권에 대한 투자 등을 통해 다시 미국으로 돌아오고 있는 것이다. 이로 인해 미국은 2004년 현재 GDP의 약 22%인 2조 5천억 달러의 순 부채를 다른 나라에 지고 있으며 이러한 추세는 점차 가속화되고 있다.

세계적 불균형은 과잉 투자가 불러온 일련의 경제위기, 즉 일본의 자산 버블 붕괴, 아시아 및 중남미에서 있었던 외환위기 사태 그리고 최근의 IT 버블 붕괴에 뿌리를 두고 있는 것으로 해석되고 있다. 유동성 위기를 겪은 후 신중하고 보수화된 아시아 국가들이 무역거래를 통해 벌어들인 자금을 제대로 투자로 연결시키지 못하고 있는 가운데, 미국에서는 저금리와 확장적 재정정책 등으로 소비가 지나치게 늘어났고 이것이 불균형을 더욱 악화시키고 있다는 지적이다.

문제의 심각성은 이러한 세계적 불균형이 불안정한 환율변동에 따라 급격한 금융시장 혼란으로 이어져 결국 세계적인 경기침체로 발생할 가능성이 있다는 데 있다. 나아가 전 세계의 부가 고르게 분배되지 못하고 미국에만 유입되어 세계 경제의 양극화 현상을 부채질한다는 비판도 만만치 않다.

## 서브프라임 모기지(Subprime Mortgage)

'서브프라임 모기지'란 신용도가 낮은 개인들에게 우대금리보다 높은 금리로 주택자금을 빌려주는 금융상품을 의미한다. 일반 주택담보 금융상품의 경우 채무자에게 원금의 10~20%의 첫 불입금(down payment)을 부담시키고 고정금리를 적용하는 데 비하여 서브프라임 모기지의 경우 첫 불입금 부담을 크게 줄이는 방식으로 저소득층 고객을 끌어들였다. 또한 초기 2년간은 고정금리에 의한 이자를 받는 대신 3년째부터 시장금리보다 3% 정도 가산된 변동금리에 의한 이자를 받는 영업전략을 채택, 적극적으로 시장 개척에 나서면서 그 규모가 크게 확대되었다. 특히 초기 2년간 고정금리 적용 기간에는 시장금리보다도 낮은 이자를 내도록 한 뒤 그 감면분만큼을 나중에 원금에 가산토록 해 금리상승시에 대출자의 부담이 급격하게 늘어나는 상품이 많았다. 이는 금리상승에 따른 충격이 이중삼중으로 증폭되는 요인이 됐다.

2006년 기준으로 전체 모기지 규모가 8조 달러인데 이중 서브프라임 모기지의 규모는 약 4,000억 달러 수준으로 집계된다. 2004년 이후 미국 정부의 금리인상(1.0%→5.25%) 및 주택가격 하락으로 인해 저소득층의 이자지급 연체가 늘어나면서 서브프라임 모기지 대출회사의 부실이 가속화되었다. 결국 업계 2위의 뉴센추리사가 투자은행으로부터 차입한 84억 달러의 채무를 상환하지 못하고 파산한 것을 비롯, 관련 대출업체 및 투자은행들이 부실화되었다. 미국발 충격파는 한국을 비롯한 전 세계 증권시장을 강타했다.

당초 전체 모기지 시장에서 서브프라임 모기지가 차지하는 비중이 5% 수준에 불과하고 우량한 프라임모기지 상환은 대체로 순조롭게 진행되고 있기 때문에 곧 경제가 안정국면에 들어설 것이라고 예측하는 견해도 있었다. 그러나 서브프라임 모기지 회사 도산, 체납처분증가 등으로 증시가 급락하는 등 금융시장의 불안정성이 증가되고 있다. 씨티그룹 모건스탠리 등 세계적인 금융기관들이 대규모 손실을 입고 대대적인 인력 감원에 들어가는 등 점차 파장이 커지고 있다. 미국의 중앙은행인 FRB도 서브프라임 사태의 충격 등을 감안해 최근 2008년 미국 경제 성장률 전망치를 기존 2.5~2.75%에서 1.8~2.5%

로 하향 조정했다.

반면, 우리나라의 경우 미국의 서브프라임 부실 사태와 관련, 국내 금융기관들이 직접적으로 입은 손해는 8,500만 달러로 상대적으로 경미한 편이다. 그러나 미국에 대한 수출 감소 및 국내 기업의 해외자금조달 여건 악화 등 간접적 부작용은 피할 수가 없다.

## 삼위일체 불가능설(Impossible Trinity)

'삼위일체 불가능설'이란 자본시장이 개방된 소규모 국가의 경우 환율, 금리 자본 자유화 세 가지 주요 경제변수를 모두 안정적으로 운용하기 어렵다는 이론을 의미한다. 즉 독자적인 통화신용정책(금리), 환율의 안정(고정환율제), 자본시장의 개방 등 세 가지를 동시에 이룰 수는 없고 이 가운데 어느 하나는 포기해야 한다는 것이 이 이론의 주요 내용이다.

예를 들어 국내 금융시장에 자금이 넘쳐 부동산시장과 주식시장에 거품이 생겨도 정부는 함부로 금리를 올리거나 해외로부터 자금유입을 통제하지 못한다. 금리가 오르면 원화가치가 높아져 수출기업에 불리하기 때문이다. 만약 금리를 올린 상태에서 원화가치상승(원화환율하락)을 막기 위하여 인위적으로 외환시장에 개입해 달러를 사들이는 경우에는 외화가 쏟아져 들어올 것이다. 자본시장을 개방한 이상 외자의 유입을 막을 방법은 없다.

정부가 원화 가치 상승(원 · 달러 환율 하락)을 막기 위해 시장에 개입하여 달러를 사들이는 경우, 필요한 자금을 조달하기 위해 국채를 대량으로 발행하면 이로 인해 채권발행물량이 늘어나면서 금리가 올라가는 현상이 생긴다. 우리나라는 이미 자본시장을 개방하였는바, 고정환율제와 통화정책의 독립성 두 가지를 모두 달성하기는 어렵다고 할 수 있겠다.

이 이론은 개발도상국가에 있어서의 정부의 역할과 관련하여 그 의미를 찾을 수 있다. 경제성장의 초기 단계에서는 한정된 자원을 배분하는 데 있어 정부의 역할이 상대적으로 중시되지만, 정부의 이러한 빈번한 개입은 정부 의존적인 투자환경을 고착화시켜 장기적으로 시장 형성 자체를 지연시키는 부작용을 낳게 된다. 나아가 자기 나라 화폐로 채권을 발행하는 것이 불가능한 현실(원죄 이론)과 더불어 자본시장이 개방된 경우 삼위일체 불가능성에 의하여 국가 개입에 의한 경제조정은 더 더욱 그 한계를 노출할 수밖에 없는 것이다.

그러므로 정부는 단기적 효과를 얻는 데 불과한 시장개입에 힘을 쏟기보다는 새로운 투자 기회 창출과 파생거래를 이용한 위험이전(risk transfer), 그리고 혁신중소기업에 대한 대출기회 확대 등을 통한 금융시장 자체의 체질개선을 시도할 필요가 있다.

# 주택정책의 반성과 방향전환


## 김경환

서강대학교 경제학부 교수 / 서강대학교 교무처장


| | |
|---|---|
| 1980년 | 서강대학교 경제학과 졸업 |
| 1987년 | 프린스턴대학교 경제학 박사 |
| 1988~ | 서강대학교 경제학부 교수 |
| | 시라큐스대학교 경제학과 조교수 역임 |
| | UN Habitat 도시재정자문관, 세계은행 컨설턴트 역임 |

저서 시장현상과 대중경제지식 ,한국경제연구원, 1994
도시경제론, 홍문사, 2002
미래지향적 수도권정책, 서강대 출판부, 2002
맨큐의 경제학, 교보문고, 2007

## 주택가격 상승, 본질은 무엇인가

1990년대 말 이후 주택가격의 상승은 우리나라뿐 아니라 전 세계적인 현상이었다. 영국의 시사주간지 Economist에 따르면 1997년부터 2006년 사이에 아일랜드의 주택가격은 235%, 영국은 196%, 스페인 173%, 프랑스 137%, 호주 135%, 미국 102%, 네덜란드 97% 상승했다. 물론 이 기간 동안에 주택가격이 하락한 나라도 있다. 일본은 32%, 홍콩은 43% 각각 하락했다. 이처럼 대부분의 선진국 주택가격들이 동시에 오른 가장 중요한 이유는 유례없는 저금리 현상이었다. 서방 선진 7개국의 장기 실질금리(10년 만기 국채 수익률에서 물가상승률을 뺀 금리)는 1995년 4%에서 2006년에는 1%까지 떨어졌다.

2005년 들어 미국, 영국 등이 단기정책금리를 올렸지만 장기금리는 오르지 않았다.

이들 선진국에 비하면 우리나라의 평균 주택가격 상승률은 비교적 낮은 편이었다. 국민은행 자료에 따르면 1997~2006년 기간 동안 전 도시 주택매매가격은 26.7%, 서울은 49.6% 상승하는 데 그쳤다. 물론 아파트만 보면 서울이 93.7%, 강남 지역은 134% 상승했다. 그러나 다른 나라에서도 도시에 따라 상승률 격차가 크다. 예컨대 미국의 경우 캘리포니아 주요 도시들의 집값 상승률은 전국 평균의 두 배가 넘는다.

20001년 이후 우리나라 주택가격 상승의 본질은 지역별, 유형별, 규모별로 차별화됐다는 점이다. 즉 전국 집값이 골고루 오른 것이 아니라 정부가 지목한 이른바 버블 세븐 지역, 아파트 그리고 중대형이 집중적으로 올랐다. 전반적인 집값 상승의 원인은 사상 초유의 저금리, 주택담보대출의 급증, 풍부한 부동자금 등 주로 주택시장 외적인 변수였다. 그러나 일부 지역 아파트 가격이 특별히 많이 오른 데는 경제적인 이유가 있다.

표 1에는 1994~2003년 기간 중 서울시 취업자 수 순증가와 1995~2004년 기간 중 아파트 수 순증가가 표시되어 있다. 이 표를 보면 서울시 전체 취업자가 18만 명 증가한 반면 아파트는 모두 46만 호 이상 증가하여 취업자 수보다 아파트 수가 훨씬 큰 폭으로 증가했다. 그러나 늘어난 일자리의 구별 분포를 보면 4만 개가 강남구(22.5%)에, 4만 3천 개가 서초구(23.9%)에, 2만 7천 개가 송파구(15.0%)에서 각각 새로 생겼다. 반면 이들 구의 아파트는 각각 1,379호, 1만 6천 5백 호, 그리고 5,876호 증가하는 데 그쳤음을 알 수 있다. 강남, 서초, 송파구 등 강남 3구에 새로 생겨난 일자리 수는 서울시 전체의 61%인 11만 명인 반면 이 지역 아파트 순증가 호수는 서울시 전체의 5%인 2만 4천 호에

불과했다. 물론 모든 사람들이 직장 근처에 살지는 않겠지만 직주근접(職住近接)이 주택수요의 중요한 동기이다. 따라서 위의 수치는 지난 10년 동안 서울시에서 수요가 있는 곳에 공급이 충분히 이루어지지 않았으며 이러한 수급의 괴리가 강남권 아파트 가격이 다른 지역에 비해 크게 오른 이유가 될 수 있음을 보여 준다.

**표 1. 서울시 취업자 및 아파트 재고 증가**

| | 1994~2003 취업자 증가 | 점유율 | 1995~2004 아파트재고 증가 | 점유율 |
|---|---|---|---|---|
| 강남구 | 40,410 | 22.5 | 1,379 | 0.3 |
| 서초구 | 43,011 | 23.9 | 16,502 | 3.6 |
| 송파구 | 26,985 | 15.0 | 5,876 | 1.3 |
| 강동구 | 15,603 | 8.7 | 24,093 | 5.2 |
| 강남+서초 | 83,421 | 46.4 | 17,881 | 3.9 |
| 강남+서초+송파 | 110,406 | 61.4 | 23,757 | 5.1 |
| 강남+서초+송파+강동 | 126,009 | 70.1 | 47,850 | 10.3 |
| 서울시 | 179,793 | 100.0 | 463,370 | 100.0 |

자료: 서울시 사업체기초통계조사, 서울시 주택국 자료로부터 계산.

## 참여정부 주택정책의 공과

강남 아파트를 중심으로 주택가격이 급상승하고 있던 2003년 2월에 출범한 참여정부는 집값 안정을 주택정책의 목표로 삼았다. 물론 역대 정부들이 집값 안정을 중시하지 않은 것은 아니다. 하지만 참여정부의 주택정책은 몇 가지 점에서 역대 정부와 차별화된다. 우선, 집값 안정을 위해 경기가 나쁘더라도 주택정책을 경기부양 수단으로 활용하지 않는다는 기본원칙을 견지해왔다.

또한 부동산 시장의 투명성, 예측 가능성 및 형평성을 제고하여 시장질서를 확립함으로써 '가수요와 정책 의존형 시장구조'를 개선하는 것을 정책기조로 삼았다. 이러한 기조에서 부동산 시장의 투명성 제고를 위해 실거래가격을 신고토록 의무화했다. 또 등기부에 매입가격을 기재하는 등 실거래가격을 파악하여 그 결과를 공표하고 실거래가를 기초로 과세하는 체제를 정립했다. 이와 함께 서민주거 안정을 위해 국민임대주택 건설과 다가구 주택매입 임대 등을 추진했다.

한편 보유세는 강화하고 거래세는 완화한다는 원칙을 실현하기 위해 종합부동산세를 도입하고 재산세를 강화하는 한편 취득세와 등록세 세율을 인하했다. 참여정부는 수요 관리와 함께 공급 확대를 추진하였으나 재건축 등 민간 부문에 의한 주택공급을 억제하고 공공택지 개발을 통한 공급 확대를 추진했다. 참여정부는 2003년 5.23, 10.29, 2005년 8.31, 2006년 3.30, 11.15, 2007년 1.11, 1.31 등 주요 대책을 포함하여 수십 차례의 대책을 발표했다.

참여정부 주택정책은 실거래가격 파악과 그에 입각한 과세체제의 정립 등 부동산 시장의 투명성 제고에 기여했다. 국민임대주택 건설과 다가구 주택매입 임대 등을 통해 서민 주거 안정에도 성과를 거둔 것이 사실이다. 반면에 투기억제를 위한 과도한 시장 개입과 조세원리를 벗어난 세제개편으로 시장의 원활한 작동을 어렵게 만들었다. 결과적으로 참여정부 주택정책의 가장 중요한 목표인 집값 안정에 실패하였고 지역별, 주택 유형별, 규모별 집값 상승률의 격차가 확대되었다.

앞에서 설명한 것처럼 2001년 이후 주택가격 상승은 강남 및 인근 지역 아파트에 국한되었으며 서민 주거 안정에 직결된 전세가격과 소형 주택의 매매가격은 2006년 상반기까지 안정세를 유지했다. 그럼에도 불구하고 참여정부의 대응은 포괄적인 정책 수단에 의존했다. 정부는 공급정책도 꾸준히 추진해 왔다고 주장하지만 실제로는 수요억제책에 치중했다. 2003년 10.29대책과 2005년 8.31대책을 통해 1가구 다주택 보유에 대한 양도소득세와 고가주택에 대한 보유세를 강화하여 투기수요를 차단하는 데 주력했다. 2006년 3.30대책에서는 재건축에 대한 개발이익 환수와 고가주택에 대한 대출 제한을 추가했다. 2006년 11.15대책과 2007년 1.11대책에서는 주택담보대출 규제를 강화했다. 공급측면에서는 표 2에서 볼 수 있는 것처럼 전국적으로는 45만~50만 호의 신규 주택이 공급되었지만 수요가 많은 수도권에서는 연평균 20만 호 미만에 그쳤다. 이에 따라 수도권에는 공급이 부족하고 지방에서는 공급과잉 현상이 심화되었다. 결국 수요가 있는 곳에 공급이 이루어지지 않고 거래도 제한되어 자원 배분의 효율성이 훼손되고 전반적인 주거 수준 향상에도 기여하지 못했다.

지난 4년 동안, 주택정책이 발표되면 거래가 위축되고 가격 상승세가 진정되다가 어느 정도 지나면 다시 가격이 오르고 정부가 추가 대책을 발표하는 패턴이 이어졌다. 그림 1은 정책 개입과 서울 및 강남 아파트 평당 가격 추이를 보여 준다. 이 그림을 보면 세 차례 주요 정책 중 가격안정 효과가 가장 크고 오래 지속된 것은 10.29대책이고 3.30대책이 가장 약한 것을 알 수 있다. 이는 10.29대책이 참여정부가 내 놓은 최초의 종합대책으로 인식되었고 어느 정도 가격 안정에 기여할 것이라는 시장의 기대가 형성되었기 때문인 것으로 분석된다. 그 이후 정책 개입은 점점 효과가 지속되는 기간이 짧아졌다.

**표 2. 주택건설 추이**

(단위: 천 호, %)

| 구분 | 수도권 | | | | 전국 |
|---|---|---|---|---|---|
| | 소계 | 서울 | 인천 | 경기 | |
| 2000 | 241 | 96.9 | 20.5 | 123.6 | 433.5 |
| 2001 | 354.4 | 166.6 | 54.5 | 133.3 | 529.9 |
| 2002 | 376.3 | 159.8 | 55 | 161.5 | 666.5 |
| 2003<br>(증감률) | 297.3<br>(-21.0) | 115.8<br>(-27.5) | 29.4<br>(-46.6) | 152.1<br>(-5.8) | 585.4<br>(-12.2) |
| 2004<br>(증감률) | 205.7<br>(-30.8) | 58.1<br>(-49.8) | 22.4<br>(-23.8) | 125.2<br>(-17.7) | 463.8<br>(-20.8) |
| 2005<br>(증감률) | 197.9<br>(-3.7) | 51.8<br>(-10.8) | 17.6<br>(-21.4) | 128.5<br>(2.6) | 463.6<br>(-0.04) |
| 2006<br>(증감률) | 172.0<br>(-13.1) | 39.7<br>(-23.4) | 15.9<br>(-9.7) | 116.5<br>(-9.4) | 469.5<br>(1.3) |

**그림 1. 정책 개입과 서울 아파트 가격 추이**

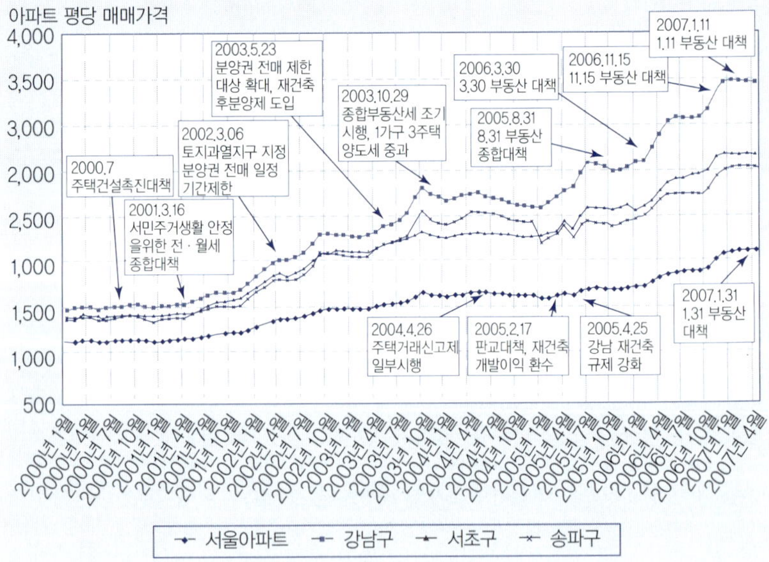

## 참여정부 주택정책, 무엇이 잘못인가

이처럼 참여정부의 주택정책이 성공하지 못한 이유는 문제에 대한 진단과 처방이 잘못되었기 때문이다. 참여정부의 주택정책은 몇 가지 기본 전제에 입각한 것이다.

첫째, 집값 안정 목표와 관련하여 강남 지역의 주택가격이 상승하면 다른 지역으로 파급되기 때문에 강남 아파트 값을 안정시켜야 한다는 논리이다. 이러한 파급 효과는 어느 정도 존재하겠지만 정부 스스로가 '버블 세븐'이라고 인정한 지역에 국한되었다. 만일 다른 지역까지 폭넓게 확산되었다면 더 많은 '버블' 지역이 발생했을 것이다.

둘째, 집값 상승 선도지역인 강남 아파트 가격 상승의 주된 원인을 투기로 보았다. 그러나 앞에서 지적한 바와 같이 저금리와 담보대출 증가, 유동자금의 유입 등 투기에 유리한 환경 속에서 지역간 집값 상승률이 큰 격차를 보인 것은 강남 지역의 국지적 수급 괴리와 향후 공급 위축에 따른 가격 상승에 대한 기대감이 주택 구입을 촉발했기 때문이다. 반면에 정부는 지난 5년간 강남 주요 9개 아파트 단지에서 이루어진 거래의 약 60%가 1가구 3주택 보유자들에 의한 매입이었다는 2005년 6월 1일자 국세청 보도자료 등을 근거로 8.31대책에서 1가구 3주택 양도소득세 중과세 등 투기억제를 강화했다. 또 재건축 아파트가 강남 주택 투기와 아파트 가격 상승의 뇌관이라고 판단하여 재건축을 어렵게 만드는 규제들을 도입했다. 그렇지만 이로 인해 향후 강남 지역 신규 아파트 공급이 위축될 것이라는 시장의 기대가 가격불안을 오히려 증폭시켰다.

셋째, 수요억제정책의 골간인 보유세 강화를 통해 집값을 지속적으로 안정시킬 수 있다는 논리이다. 이론적으로 보유세가 강화되면 미래의 세금 부담 증가액의 현재 가치만큼 주택가격이 당장 하락한다. 예를 들어 어떤 아파트에 대한 보유세가 금년부터 매년 100만 원 증가한다고 하자. 이렇게 되면 이 아파트를 세 놓을 경우 임대수입이 매년 100만 원 줄어드는 것과 마찬가지다. 따라서 이 아파트의 자산가치는 낮아질 것이다. 이론적으로 가격 하락폭은 앞으로 줄어들 임대소득을 현재 가치로 환산한 금액, 즉 100만 원을 할인율로 나눈 수치가 될 것이다. 만일 할인율이 5%라면 100만 원의 현재가치는 2,000만 원이 된다. 따라서 아파트 가격이 2,000만 원 하락할 것이다. 그러나 이러한 자본화 효과는 한 번만 나타나며, 그 이후에 구입한 사람들의 수익률에는 영향을 미치지 못한다. 왜냐하면 다음에 사는 사람은 이미 2,000만 원 하락한 가격에 구입하고 싸게 산 만큼 세금을 내면 되기 때문이다. 물론 이러한 이론대로 집값이 정확하게 2,000만 원 하락하지 않을 가능성은 있지만 재산세 인상으로 수익률을 지속적으로 낮추는 데는 한계가 있다.

또한 종합부동산세 납부대상자들의 보유세 실효세율을 2009년까지 1%로 높이려는 목표는 아무런 논리적 근거가 없다. 이른바 '선진국 수준'이라고 하지만, 성격이 전혀 다른 미국의 재산세 실효세율이 전국 평균 1% 정도라는 사실 말고는 다른 이유가 없다. 끝으로 토지에 대한 보유세는 소유자가 피할 수 없지만 건물에 대한 보유세가 부과되면 건물 투자에 대한 수익률이 하락하여 장기적으로 새로운 자본 유입이 줄어서 건물 공급도 감소할 것이다. 이렇게 되면 오히려 임대료가 상승하여 임차인들의 부담이 늘어날 것이다.

넷째, 신규 공급 아파트의 분양가를 규제하거나 원가를 공개하는 방식으로 분양가를 낮추면 전반적인 주택가격을 안정시킬 수 있다는 논리이다. 그러나 신규 아파트 공급물량이 전체 주택 재고에 비해 매우 작아 전체 집값 안정에 기여하기 어렵다. 뿐만 아니라 뒤에서 설명하겠지만 장기적으로 분양가규제가 민간 부문 주택 공급의 양적 · 질적 위축을 초래한다.

이처럼 참여정부 주택정책의 기본전제들은 경제원리와 배치되거나 논란의 여지가 있으며 일부는 외국 사례를 오도한 것이다. 그러나 본질적으로 가장 중요한 사실은 정부의 개입을 강화하는 데 주력했다는 점이다. 민간에 대해서는 분양가 상한, 재건축 관련 규제 등을 통해 공급을 억제하는 대신 그로 인한 공급 위축은 택지개발과 주택사업 시행에 있어서 토지공사, 주택공사, 지방자치단체 등의 역할을 확대하여 대응한다는 시각이다. 이러한 시각은 정부가 민간 부문의 원활한 작동을 촉진하고 시장 소외 계층 주거 문제 해결에 주력하는 선진국들의 접근방식과 대조적이다. 결국 국지적인 주택가격 상승의 원인에 대한 잘못된 진단과 이에 기초한 잘못된 처방으로 인해 기대한 효과를 달성하지 못했다고 볼 수 있다.

## 차기 정부, 꼭 필요한 곳에만 제대로 개입하라

앞에서 지적한 것처럼 최근 몇 년간 주택가격 상승은 일본과 독일을 제외한 대부분 선진국이 경험한 현상이다. 물가상승을 감안한 실질 주택가격 상승률은 우리나라가 상대적으로 낮은 편이고 범위도 국지적이다. 유별난 것은 우리나라 주택가격 상승폭이 아니라 정부의 정책 개입이다. 그 이면에는 주택시장에서도 수요와 공급 요인에 의해 가격이 움직이며, 주택은 소비재인 동시에 가계가 보유하는 가장 중요한 자산이라는 사실을 인정하지 않는 시각이 깔려 있다. 또한 공공 부문의 역할을 강화하는 것이 주거 안정을 위해 바람직하다는 시각이 주택정책을 지배하고 있다.

주택정책의 궁극적인 목표는 국민들이 지금보다 더 좋은 주거환경을 누릴 수 있도록 하고 주택 문제를 스스로 해결하기 어려운 사회적 약자들에게 어느 정도의 주거 수준을 보장하는 것이다. 사회적 약자에 대한 참여정부의 노력은 인정되지만 방법에 대해서는 이론의 여지가 있다. 반면에 더 좋은 주거환경에 관한 한 잘못된 목표설정과 무리한 접근방식으로 성과를 내지 못했다. 차기 정부는 수요에 부응하는 주택이 공급되고 자유로운 거래가 보장되는 환경을 구축하고 과도한 시장 개입을 자제하면서 소외 계층에 대한 적극적 지원에 주력해야 할 것이다.

참여정부는 서민 주거복지 지원을 강화하기 위해 2012년까지 장기임대주택을 전체 주택 수의 12%인 184만 호로 확대하는 임대주택 비축계획을 2006년 8월에 수립했다. 그러나 불과 5개월 후인 2007년 1.31대책에서 장기임대주택 비축목표를 2012년 230만 호(전체 주택 수의 15%), 2017년 340만 호(전체 주택수의 20%)로 늘려 잡았다. 이에 따라 2006년부터 2012년까지 국민임대주택 72만 호 건설, 공공임대주택 25만 호 건설을 추진하고 있다. 이러한 공공임대주택 재고 확충은 서민 주거 안정에 기여하는 측면이 있지만 재원조달과 관리, 수요자 만족도 등에서 문제의 소지도 있다. 정부는 우리의 공공임대주택 재고가 선진국에 비해 크게 부족하다는 점을 강조하지만 선진국들은 공공임대주택 건설보다는 지원 대상가구들의 선택의 폭을 넓히고 임대료 부담능력을 제고하는 방향으로 정책을 전환하고 있다.

주택 바우처(housing voucher) 제도는 이러한 주택 수요자 지원방식이다.

즉, 지원대상 가구들에게 일정한 범위 안에서 주택을 선택하도록 하고 임대료가 소득의 일정 비율을 넘는 부분에 대해 정부가 지원해 주는 방식이다. 우리나라도 주택 바우처 도입계획 마련을 위한 연구용역을 2007년에 시행하고 2008년부터 시범시행에 들어간다는 계획이다. 그러나 주택 바우처 제도가 효과를 거두려면 충분한 임대주택이 민간 부문에서도 확보되어야 한다.

문제는 민간 임대주택이 1가구 다가구 보유로부터 나온다는 데 있다. 현행 세법에서는 5채 이상의 주택을 임대하면 임대사업자로 등록하면 종합부동산세와 양도소득세 감면을 받을 수 있는 반면 1~4채까지를 임대할 경우 1가구 다주택 중과세 대상이 된다. 이러한 제도와 1가구 다주택 보유를 반사회적 투기행위로 인식하는 국민 정서가 걸림돌이 될 수밖에 없다.

국민들의 전반적인 주거 수준의 향상을 위해서는 수요가 있는 곳에 교육과 교통 등 공공 서비스와 인프라가 갖춰진 양질의 주택을 지속적으로 공급해야 한다. 또 자유로운 거래를 통해 집을 넓혀 갈 수 있는 기회를 보장해야 한다. 이제 주택의 절대적 부족문제가 대부분 해소된 만큼 소득 증가와 인구 구성 변화에 신축적으로 대응할 수 있는 질적 공급 확대에 정책의 초점이 놓여야 한다. 이를 위해서는 지금처럼 정부가 주택공급 호수, 규모, 위치, 분양 방법 등을 결정하는 계획경제방식에서 벗어나 시장원리에 따라 수요에 부응하는 집을 지을 수 있는 틀을 구축하는 것이 필요하다. 정부 계획이 시장 수요와 어긋날 경우 자원의 낭비를 피할 수 없다. 반면에 민간 주택 건설업체들은 수요를 잘못 판단하면 시장에서 퇴출된다. 어느 쪽이 희소한 자원을 더 효율적으로 쓸 수 있는 대안인지는 명백하다. 여유자금과 능력이 있는 민간 공급자와 수요자의 시장 참여를 제한하고, 민간 공급이 부족하면 공공부문이 그 격차를 메우겠다는 발상은 문제가 있다. 공공 부문의 역할을 확대하려고

하면 국민의 세금을 투입해야 하며 공공 부문이 민간 부문에 비해 더 좋은 집을 지을 수 있다는 보장도 없기 때문이다.

## 수요가 있는 곳에 소비자들이 원하는 집을 공급하라

1980년대 말 이후 주택 공급이 획기적으로 증가함에 따라 서울과 수도권 일부지역을 제외하고는 주택의 양적 부족 현상이 대부분 해소되었다. 일각에서는 주택 보급률이 106%에 달했으므로 공급을 더 늘릴 필요가 없다고 주장한다. 그러나 주택 보급률은 주택 수를 가구 수로 나눈 것인데 이 가구 수에는 1인 가구는 빠져 있다. 1인 가구가 점점 늘고 있는 현실에서 주택 보급률은 정책지표로서 문제가 있다. 실제로 국제 비교에 주로 사용되는 지표는 인구 1,000명당 주택 수나 1인당 주거 면적이다. 우리나라의 이들 지표는 아직 선진국의 50~60%에 불과한 수준이다.

그것만이 아니라 소득증가에 따라 주택규모를 늘리려는 수요, 기존의 노후주택의 대체 필요성 등을 감안하면 주택 공급의 지속적인 확대가 필요하다. 주택 보급률이 100%를 넘었으니 공급에 문제가 없다는 생각은 모든 가구가 소형 승용차 한 대씩을 보유하면 더 이상 승용차 공급을 늘릴 필요가 없다는 주장과 본질적으로 다르지 않다.

정부의 중요한 역할은 국민들이 원하는 주택이 필요한 시기와 입지에 적절하게 공급될 수 있는 기반을 조성하는 일이며 이를 위해서는 택지의 원활한 공급이 필수적이다. 특히 민간 택지 개발과 주택 공급에 관한 규제완화가 필요하다. 2007년 4월에 국회를 통과한 주택법에 따른 아파트 분양 원가 공개와 분양가 규제는 주택 공급에 양적·질적으로 부정적 영향을 미칠 것이다.

정부가 2006년 11.15대책에서 제시한 주택 건설 로드맵에 따르면 2010년까지 수도권에 164만 호를 건설하는 것으로 되어 있다. 택지 공급이 주택 공급을 좌우하고, 정부가 택지 공급을 장악하고 있기 때문에 규제를 해도 주택 공급이 줄지 않는다는 주장이 근거가 없지는 않다. 그러나 2004~2006년 사이에 수도권에 건설된 주택이 57만 호에 불과한 점을 감안하면 이 목표는 달성하기 쉽지 않아 보인다. 게다가 164만 호의 45%인 75만 호가 민간 택지에서 공급되어야 하는데 새로운 규제가 만들어진 상황에서 가능할지는 더욱 회의적이다. 중장기적으로는 규제 때문에 양질의 주택 공급이 감소하는 반면, 소득이 늘면서 양질의 주택에 대한 수요는 증가, 수요와 공급의 괴리가 심화되고 주택가격이 불안해질 수 있다.

분양 원가를 공개해서 원가에 비해 과도한 분양가를 규제하는 한편, 분양이 저조한 단지에 대해서는 아무런 지원도 하지 않는다면 주택사업의 수익성이 저하될 수밖에 없다. 원가에 일정한 이윤을 인정하는 방식으로 분양가를 책정하면 굳이 원가를 낮추려고 노력할 이유가 없어지기 때문이다. 또 분양가가 규제된 상황에서 품질 경쟁을 벌일 이유도 사라진다.

재건축 규제도 개선이 필요하다. 재건축은 강남 지역의 신규 주택 공급에서 절대적인 비중을 차지한다. 그러나 소형 주택 의무비율규제 강화, 후분양제, 개발이익 환수 및 임대주택 건설 의무화, 기반시설 부담금 부과 등의 각종 규제에 더해 분양가 규제가 추가됨으로써 앞으로 재건축을 통한 주택 공급은 불가능해졌다. 1 : 1 재건축은 양적으로 공급 확대에 별 효과가 없다는 주장도 있지만 수요가 있는 주택을 공급하는 다른 수단이 없는 것이 현실이다. 양적 공급 확대 효과를 높이려면 용적률 규제를 완화하고 고층화를 허용하여 고밀도 재건축을 유도할 필요가 있다. 소형 평형 의무비율규제는 철폐하는 것이 옳다. 앞으로 주택 수요가 어떻게 변할지는 아무도 정확하게 예측할 수 없다. 베이비 붐 세대의 주택 수요가 충족되고 나면 수요가 급격히 감소할 것이라는 주장이 있는가 하면 인구가 줄어도 가구 수가 줄지 않을 수 있으며 이와는 별도로 소득증가로 수요가 늘어날 것이라는 예측도 있다. 이러한 불확실한 상황에서 주택 수요를 예측하고 대응하는 데 정부보다는 민간이 비교우위에 있다. 예측이 틀릴 경우 정부는 책임질 방법이 없지만 민간사업자들은 시장의 심판을 받기 때문에 그 결정은 민간에 맡기는 것이 바람직하다.

## 부동산 세제를 합리적으로 개편하자

부동산 세제의 개편은 보유세, 거래세, 자본이득 과세 등 전체 부동산 세금 부담 수준을 감안하고 효율성과 공평성을 제고하는 방향으로 추진되어야 한다. 먼저 유념할 사실은 OECD 회원국들과 비교해서 우리나라 보유세는 낮은 편이지만 부동산 세제 전체 부담 수준은 가장 높은 편에 속한다는 점이다. 즉, 보유세만 보면 총 조세 대비 비율 11위, GDP 대비 비율 17위이지만 재산과세에서 증권거래세를 제외한 부동산 조세의 경우 총 조세 대비 부담률은 미국 다음으로 2위이며 GDP 대비 부동산 조세 부담은 6위이다. 따라서 부동산 세제개편의 기본전제는 전체 부동산 세금 부담액을 늘리지 않는 범위 내에서 보유세와 양도세, 거래세를 조정하는 방식이 되어야 한다.

참여정부는 부동산 세제개편 과정에서 보유세 강화, 거래세 완화라는 기본원칙을 주장했다. 그러나 거래세 명목세율은 내렸지만 세금을 매기는 기준을 실거래가로 높임에 따라 실제 거래세 부담은 소폭 완화되는 데 그쳤다. 또한 양도소득세 실거래가 과세, 1가구 2주택에 대한 과세 강화 등으로 주택 매매를 위축시키는 결과를 초래했다.

부동산 보유세는 이론적으로 이상적인 지방세이며 많은 나라에서 지방정부의 재원조달을 위한 중요한 세원으로 활용되고 있다. 그러나 우리나라의 보유세제는 지방정부의 재원조달 수단이기보다는 부동산 가격 안정을 위한 정책세제로 인식되고 있다. 종합부동산세는 다른 나라에서 예를 찾기 어려운 제한적 부유세이다. 토지와 달리 건물은 중 · 장기적으로 그 공급이 탄력적이므로 자원 배분의 왜곡을 피하기 위해서는 건물을 합산대상에서 배제하는 것이 바람직하다. 참여정부 보유세 강화론의 이론적 토대로 인식되는 헨리 조지(Henry George)의 주장도 인간의 노력이 들어가지 않은 토지에서 나오는 소득은 전액 세금으로 환수하되 인간의 노력이 투입된 건물에 대해서는 과세하지 않아야 한다는 것이다. 종합부동산세를 굳이 유지한다면 국세보다는 광역자치단체가 징수하는 시세(市稅)나 도세(道稅)로 하여 같은 시 · 도세(市道稅)인 거래세의 인하와 유기적으로 연계하는 것이 바람직하다.

현실적으로 이러한 본질적인 개편은 표를 중시하는 정치권이 수용하기 어려울 것이다. 그러나 세금은 소득으로 납부하는 것이지 담보 대출을 받거나 집을 팔아서 내는 것이 아니다. 따라서 보유세 인상이 바람직한 방향이라고 해도 세금 부담의 급격한 증가를 방지할 장치가 필요하다. 종합부동산세 과세대상 주택에 대해 실효세율을 1%까지 높인다는 계획은 이론적 근거가 없다. 일각에서는 실효세율 1%가 선진국 수준이라고 주장하지만 우리나라 종합부동산세와 비슷한 보유세를 지닌 선진국은 없다. 보유세를 중시하는 대표적인 선진국으로 지목되는 미국의 경우 1인당 재산세 납부액은 2004년 기준으로 연소득의 3.39%이고 연소득 대비 주택가격은 3.7배 수준이다. 따라서 집값 대비 재산세 실효세율이 1%이면서도 소득 대비 재산세 부담액이 3.39%에 불과한 것이다. 우리나라에 공식 자료가 없지만 국민은행 조사결과에 따르면 연소득 대비 주택가격의 배율이 2004~2006년 평균 전국 6.4배, 서울은 8.9배에 달한다. 종부세 대상이 가장 많은 강남 아파트의 경우는 12.9배나 된다. 단순계산으로 집값 대비 재산세의 실효세율을 1%로 맞춘다면 연소득의 6.4~12.9%나 되는 금액을 재산세로 내야 한다는 얘기다. 물론 강남 아파트 소유 가구의 정확한 소득이 반영되지 않았다는 점에서 이 수치는 신빙성에 문제가 있을 수 있다. 그러나 미국의 집값 대비 실효세율 수준을 목표로 삼을 경우 소득으로 보유세를 납부하기 어려운 주택 보유자가 많을 가능성은 매우 높다.

이러한 현실을 받아들인다면 보유세 인상 목표를 낮출 필요가 있다. 최소한 종합부동산세 과세대상인 1가구 1주택 보유자 중에서 소득이 일정 수준에 미달하는 65세 이상 노령층에 대해서는 보유세(재산세와 종합부동산세)를 감면하고 전년 대비 200%로 인상된 종합부동산세 연간 인상 상한을 법 개정 이전인 50% 수준으로 재조정하는 것이 좋겠다.

양도소득은 다른 소득과 마찬가지로 정상적인 과세대상이 되어야 한다. 그러나 1가구 1주택에 대한 세제 혜택은 많은 나라에서 주택정책 수단으로 활용되고 있다. 미국의 경우, 집을 몇 채 가지고 있든 매각 시점부터 과거 5년 기간 동안에 2년 동안 소유하고 거주한 주택에서 발생하는 양도차익은 부부를 합쳐 50만 달러까지 세금이 부과되지 않으며 이러한 혜택은 몇 번이고 받을 수 있다.

양도소득세 실거래가 과세와 1가구 2주택에 대한 중과세가 시행됨에 따라 정상적으로 이사를 가려는 사람들의 거래마저 위축되고 있다. 주택을 매각할 경우 양도소득세 부담으로 인해 주거의 하향 이동이 불가피하기 때문이다. 이러한 거래 침체는 신규 분양시장의 침체로 이어질 수 있다. 따라서 거래를 활성화하기 위해서는 보유 주택을 매각하고 일정 기간 이내에 다른 주택을 구입하려는 1가구 1주택 보유자에 대해 과세를 이연해 주는 제도의 도입을 검토할 가치가 있다. 이 제도는 미국에서 1996년까지 시행되었다. 주택 매각에 관한 세무자료를 장기간 보관, 추적해야 하는 문제는 있으나 세금 감면을 위한 현실적인 대안으로서 검토할 가치가 있다.

또한 1가구 1주택 중에서 양도소득세가 과세되는 고가 주택 기준의 상향 조정도 필요하다. 현행 고가 주택 기준 6억 원은 1999년에 결정된 것으로 그동안의 주택가격 상승을 감안하면 현재 9억~10억 원에 해당한다. 따라서 고가 주택 기준을 인상하고 주택가격 상승률에 연동시키는 방안을 검토할 필요가 있다.

## 장기 고정금리 주택 대출을 늘리자

우리나라의 주택 금융규모는 1990년대 이후 급속하게 확대되었으며, 주택 금융시장의 자율화로 대출이 쉬워지고 대출 상품도 다양해졌다. 2000년대 주택가격 상승의 중요한 원인은 저금리와 주택 대출의 급격한 확대에 있었다. 이에 따라 참여정부는 주택 수요 관리를 위해 DTI(총부채상환비율), LTV(주택담보대출비율) 규제 등을 통해 주택 대출을 억제하고 2006년부터 금리를 인상했다. 주택가격이 떨어지고 대출금리가 오르는 경우, 주택 대출을 받은 시민들은 그만큼 상환 부담이 늘어나게 된다. 자칫하면 가계가 부실해질 수 있는 만큼 금융기관의 위험 관리를 강화하는 것은 바람직하다. 그러나 금리인상과 대출규제가 동시에 급격하게 시행될 경우 오히려 가계 부실 위험이 증가할 수 있다. 금융기관의 위험은 주택가격 상승기가 아니라 급격한 하락기에 증가한다. 따라서 주택가격의 변동추세를 감안하여 규제 속도를 조정할 필요가 있다.

우리나라 주택 금융의 본질적인 문제는 주택 금융이 장기 대출이 아닌 단기 가계대출 위주로 되어 있다는 점이다. 일반적으로 주택 대출 잔액에서 장기 고정금리 대출이 차지하는 비중이 높을수록 주택가격 등락의 변동성이 낮다. 단기금리가 오르더라도 고정금리 대출의 원리금 상환액은 변동이 없다. 반면에 변동금리 대출의 경우에는 금리 인상이 원리금 상환액 증가로 이어져 소비자들의 부담이 늘어나고 이로 인해 주택 대출에 대한 수요, 그리고 주택 매입 자체에 대한 수요가 하락한다. 이처럼 고정금리 대출의 경우에 비해 변동금리 대출의 경우 금리 변동에 따른 주택 수요 변동 폭이 크고 따라서 주택가격도 더 큰 폭으로 변동한다. 실제로 주택 대출의 대부분이 장기 고정금리 대출로 되어 있는 미국에 비해 변동금리 대출의 비중이 높은 영국에서 주택가격의 단기금리 변동에 대한 민감도가 6배 높다는 연구결과도 있다. 우리나라의 경우 2004년 이후 장기대출에 대한 융자비율 우대와 주택담보 대출 규제 강화 등으로 인해 주택담보 대출 중 만기 10년을 초과하는 장기대출의 비중이 2003년 말 10.3%에서 2004년 말 20.7%, 2005년 말 34.5%, 그리고 2006년 말에는 50.3%로 크게 높아졌다. 그러나 만기 3년 미만 단기대출의 비중이 아직 30.5%이다. 또한 은행권 주택담보 대출 중 변동금리 대출의 비중이 97%에 달한다. 따라서 금융시장의 안정과 주택가격의 변동성 완화를 위해서 변동금리 위주의 주택 금융구조를 장기 고정금리 위주로 개편하는 것이 중요한 과제이다.

장기 고정금리 주택 대출 시장을 확충하기 위해서는 모기지론에 대한 수요를 개발하고 유동화를 통한 자금 조달체제의 효율을 높여가야 할 것이다. 금리가 낮은 상황에서는 단기에 낮은 금리가 적용되는 변동금리 상품이 인기가 높으며 소비자들은 금리 상승에 따르는 위험에 상대적으로 둔감한 것이 사실이다. 따라서 고정금리 대출의 장점과 변동금리 대출의 위험성에 대한 보다 적극적인 홍보도 필요하다. 또한 장기주택자금을 저리로 공급하겠다는 복지적 관점에서 접근하면 주택 금융의 장기적 발전이 저해된다는 점도 인식해야 한다. 과거 금리가 실세금리보다 낮은 수준에 묶여 있던 시기에는 소수의 차입자들이 얼마간의 대출을 받을 수 있었을 뿐이지만 금리가 자율화되면서 주택자금 공급자들 간의 경쟁이 확대되고 소비자들의 선택의 폭이 넓어졌다는 점을 기억해야 할 것이다.

## 여론 의존적 정책에서 벗어나라

우리나라의 부동산정책은 온 국민의 관심사이며 온 국민이 주택정책에 관한 일가견이 있다고 해도 과언이 아닐 것이다. 참여정부의 주택정책은 특히 국민 여론을 중시하는 정책 수립과정을 중시한다. 참여정부 부동산정책의 완결판이라는 8.31대책은 국민 참여 부동산정책이라고 불릴 정도로 정책 수립과정에서 국민들의 의견을 폭넓게 수렴하여 반영했다. 민주사회에서 여론을 존중하는 것은 당연한 일이다. 그러나 여론은 전문지식보다는 주변에서 일어나는 단편적인 사건과 주관에 의해 좌우되기 쉽다. 어떤 정책에 대해 많은 경제 주체들이 어떻게 반응하며 그 반응들이 시장을 통해 상호 작용하여 어떤 결과를 가져올지 예상하기가 쉽지 않다. 또한 국민 정서는 실현 가능성보다는 당위성을 중시하는 경향이 있다. 차분한 논리적 접근보다는 감정이 앞서고 과학적 분석보다는 감정에 지배된다. 이러한 상황에서 중요한 정책 결정을 여론의 향배에 지나치게 의존하면 의도하지 않은 부작용을 초래할 우려가 있다.

강남 아파트 가격 안정을 위한 참여정부의 정책 개입은 여론 의존적 정책의 부작용을 보여 주는 좋은 사례이다. 많은 사람들이 최근 주택가격 상승이 강남 아파트 가격 상승에서 비롯되었으며 강남 아파트 가격 상승의 중요한 원인은 투기에 있기 때문에 보유세를 강화해야 한다고 생각한다. 이러한 여론을 바탕으로 정부는 보유세를 강화하고 1가구 다주택 보유에 대해 양도소득세를 중과세하면 강남 아파트에 대한 가수요가 줄고 매물이 늘어 가격이 안정될 것으로 기대했다. 정부는 국민의 98%를 위한 제도 개선이라는 명목으로 부동산 세제 강화를 골자로 한 8 · 31대책을 시행했다.

재건축에 대한 규제 역시 재건축이 강남 아파트 가격 상승의 진원이라고 생각하는 여론의 지지를 받았다. 그러나 결과적으로 강남 중대형 아파트 가격은 오히려 상승하고 여타 지역과 소형 아파트 가격은 하락하여 양극화가 심화되었을 뿐 아니라 전반적인 주거 상향 이동이 어려워졌다. 수많은 경제 주체들이 정책 변화에 대응하여 각자 최선의 방책을 추구하는 시장경제에서 의도가 좋은 정책이라고 해서 반드시 좋은 결과를 보장하지는 않는다. 국민의 98%가 지지하는 정책이라도 이 원칙의 예외가 될 수 없다. 참여정부가 강남 아파트 가격 안정을 위해 강력한 정책을 시행했지만 결과적으로는 강남 아파트 값이 가장 많이 올랐다.

올해 4월에 국회에서 통과된 주택법 개정안은 민간 아파트를 포함한 모든 아파트에 대한 분양 원가 공개와 분양가 규제를 골자로 하고 있다. 분양 원가 공개는 대통령도 반대했으나 결국 절대 다수의 국민들이 찬성한다는 이유로 입장을 바꾼 바 있다.

집값 안정을 위해 정부는 수요가 있는 곳에 공급을 확대하기보다는 수요를 억제하는 정책에 비중을 두는 경향이 있다. 수요 억제를 위한 대표적인 단기대책은 정부 합동 투기단속이다. 정부 입장에서 투기단속은 특별한 예산이나 인력을 필요로 하지 않고 시행에 큰 어려움도 없는 정책이다. 이러한 정책에 대해 대부분의 경우 언론은 사설 등을 통해 지지를 표시한다. 일회성에 그치지 말고 강력하고 지속적으로 투기를 단속하라고 주문한다. 따라서 투기단속 같은 단기대책은 시행하기 쉽다. 반면에 공급대책은 정부 입장에서 시행하기 쉽지 않다. 예컨대 신도시 개발을 계획, 집행하려면 여러 가지 절차를 거쳐야 하고 지자체, 지역 언론, 시민단체 등 많은 이해관계자들을 설득하고 협상해야 한다. 여론의 반응도 호의적이 아니다. 신도시 개발계획이 발표되면 당장 주변 땅값, 집값이 오르고 여론은 정부가 투기를 조장한다고 비난한다. 사람들은 1988년 서울 올림픽 이후 폭등했던 집값이 분당, 일산 등 수도권 5개 신도시 입주가 시작되면서 진정되었다는 사실을 기억하지 못한다. 마찬가지로 재건축에 대한 용적률 규제를 완화하면 당장 혜택을 받는 재건축 아파트 가격이 상승할 것이다. 그러나 용적률 증가로 공급이 늘면 장기적으로 가격 안정 효과가 나타나고 보다 많은 사람들이 원하는 집에 살 수 있게 된다. 반면에 규제를 계속하면 기존 강남 아파트의 희소성이 더 높아지고 가격 상승 압력도 커진다.

기본적으로 여론에 의존하는 정책은 단기적 성과에 집착하게 된다. 공급 확대나 규제완화를 하지 못하는 이유 중의 하나도 장기적인 기대효과에 앞서 당장 닥칠 수 있는 부작용을 여론이 수용하지 않는다는 데 있다. 그러나 공급 확대에는 상당한 시간이 소요되며 단기적인 부작용을 감내하지 않고는 장기적인 편익을 실현하기 어렵다. 자유기업원 김정호 원장은 이러한 상황을 지하철 공사에 비유한다. 교통 혼잡 문제를 본질적으로 해결하기 위해 지하철을 건설하기로 결정한 후 공사를 시작하면 길을 파헤쳐 혼잡이 오히려 더 심해진다. 공사 기간 동안의 불편을 감내하고 지하철을 완공할 것인지, 아니면 일시적인 불편을 우려해 아예 지하철을 포기하든지 선택은 둘 중 하나이다. 주택정책의 고민도 이와 비슷할 것이다.

여론 의존적 성향에는 여야가 따로 없다. 국민들의 표를 의식하기는 마찬가지이기 때문이다. 2005년 8.31대책이 발표되기 한 달여 전에 발표된 한나라당 부동산 특위의 정책 제안에는 1가구 2주택 보유자에 대한 양도소득세 중과, 종합부동산세를 인별 합산에서 세대별 합산으로 개편하는 방안이 들어 있다. 2006년 종합부동산세 부과를 계기로 감면 방안이 제기되었으나 당론으로 채택되지 못했다. 소수의 부자를 위한 정당이라는 비난을 감당할 수 없었기 때문이다. 분양 원가 공개나 아파트 반값 공급방안 등도 한나라당 의원들에게서 나왔다.

대중들의 경제지식에 오류가 있을 경우 정부나 정치권이 이를 지적하고 적극적으로 고쳐 나가려면 정치적 부담이 크기 때문에 여론을 수용하는 훨씬 안전한 길을 선택하기 쉽다. 부동산처럼 많은 국민들이 강한 견해를 지니고 있는 경우에는 더욱 그러하다. 과거에도 분양가 자율화를 검토한다는 발언이 문제가 되어 건설부 장관이 교체된 일이 있고 2006년에도 신도시 개발 발언의 파문으로 건교부 장관이 사임한 바 있다. 이러한 상황에서 주택시장과 주택정책에 대한 사회 전반의 인식이 바뀌지 않는 한 여론 의존적 정책을 극복하는 것은 매우 어려운 과제이다.

## 선진국 집값 얼마나 높은가?

다음 표는 Demographia라는 컨설팅회사가 조사한 미국, 영국, 아일랜드, 캐나다, 호주, 뉴질랜드 등 6개국 주요 도시의 2006년 9월 현재 주택가격 중간 값과 연간 가구소득 중간 값, 그리고 연소득대비 주택가격배율(PIR)을 보여 준다.

| 국가 | 도시 | 주택가격 | 가구소득 | PIR | 단위 |
|---|---|---|---|---|---|
| 호주 | Melbourne | 377,000 | 57,100 | 6.6 | Dollar |
| | Perth | 430,000 | 53,900 | 8.0 | |
| | Sydney | 520,300 | 61,200 | 8.5 | |
| | Median | | | 6.6 | |
| 캐나다 | Montreal | 189,500 | 49,700 | 3.8 | Dollar |
| | Ottawa | 201,500 | 70,300 | 2.9 | |
| | Toronto | 295,900 | 66,900 | 4.4 | |
| | Vancouver | 448,800 | 58,100 | 7.7 | |
| | Median | | | 3.2 | |
| 아일랜드 | Dublin | 354,000 | 61,900 | 5.7 | Euro |
| 뉴질랜드 | Auckland | 395,000 | 57,500 | 6.9 | |
| | Wellington | 331,000 | 61,400 | 5.4 | |
| | Median | | | 6.0 | |
| 영국 | Birmingham | 130,000 | 23,324 | 5.6 | Pound |
| | Manchester | 97,532 | 24,260 | 4.0 | |
| | London(suburbs) | 198,732 | 28,802 | 6.9 | |
| | London(GLA) | 249,950 | 30,001 | 8.3 | |
| | Median | | | 5.5 | |
| 미국 | Atlanta | 176,100 | 60,500 | 2.9 | Dollar |
| | Boston | 412,300 | 66,200 | 6.2 | |
| | Chicago | 279,499 | 61,700 | 4.5 | |

| 국가 | 도시 | 주택가격 | 가구소득 | PIR | 단위 |
|---|---|---|---|---|---|
| 미국 | Dallas | 151,300 | 56,200 | 2.7 | Dollar |
| | Honolulu | 635,000 | 61,600 | 10.3 | |
| | Houston | 152,800 | 53,000 | 2.9 | |
| | LA-Orange Co | 582,000 | 51,100 | 11.4 | |
| | Miami-West Palm | 365,100 | 47,900 | 7.6 | |
| | New York | 477,700 | 66,600 | 7.2 | |
| | Philadelphia | 236,200 | 58,300 | 4.1 | |
| | Phoenix | 266,500 | 52,700 | 5.1 | |
| | San Diego | 601,900 | 57,200 | 10.5 | |
| | San Francisco | 749,400 | 74,000 | 10.1 | |
| | Washington DC | 431,900 | 76,700 | 5.6 | |
| | Median | | | 3.7 | |

한편 뉴욕 맨해튼의 콘도미니엄(미국에서 아파트는 임대아파트를 뜻하고 우리나라의 분양 아파트는 콘도미니엄 또는 콘도라고 부른다) 가격을 보면 2007년 3월 현재 전체 콘도 평균가격이 약 145만 달러이고 중간 가격은 99만 달러, 평당 가격은 약 3,900만 원 선이다. 한편 고급 콘도 시장(luxury market)을 보면 평균가격이 약 464만 달러, 중간 가격이 342만 달러이며 평당 가격은 약 5,800만 원이다. 2006년 말에 비해 전체 콘도 평균가격은 2.1% 하락한 반면 고급 콘도 평균가격은 7.3% 상승했다. 맨해튼 내부에서도 콘도 가격의 차이가 큰 것처럼 뉴욕과 경쟁관계에 있는 세계 금융의 중심지 런던의 경우도 2007년 2월 현재 런던권 전체 주택의 평균가격은약 32만 파운드인 반면 최고급 주거지인 켄싱턴 · 첼시 지역의 평균가격은 70만 파운드로 두 배 이상 차이를 보이고 있다.

## 종합부동산세와 미국의 재산세

정부가 종합부동산세 도입 등 보유과세 강화의 근거로 미국의 보유세 실효세율이 1%를 넘는다는 사실을 들었다.

그러나 미국의 재산 보유세는 주민들의 동의로 부담 수준을 결정하고 세금 징수액을 전적으로 주민들을 위해서 지출하는 전형적인 지방세이다. 집값 안정이나 투기억제, 재정이 열악한 다른 지자체에 대한 지원 등 우리나라 종합부동산세 도입목표와는 전혀 관계가 없다. 재산세를 많이 걷으면 그만큼 우수한 교사를 초빙할 수 있고 치안을 강화할 수 있으며 여타 공공 서비스의 개선이 가능하기 때문에 재산세가 증가한다고 집값이 떨어질 이유도 없다. 즉, 재산세는 지방 공공 서비스에 대한 사용료 개념으로 인식된다.

다음으로 미국의 재산세 실효세율은 50개 주 대표 도시 평균 1.6% 정도이지만 재산세 평균 납부액은 소득의 3.2~3.4% 수준이다. 그럼에도 불구하고 재산세의 과도한 부담을 통제하기 위한 다양한 장치가 마련되어 있다. 먼저 재산세 납부액은 연방소득세의 과세대상 소득에서 공제된다.

또한 일정 소득에 미달하는 노령가구나 장애자 등에 대해서는 재산세가 소득의 일정 비율을 넘을 경우 지자체로 하여금 재산세를 감면하도록 하고 그에 따른 세입 결손을 상위 정부인 주정부가 대신 보충해 준다.

이에 더하여 1978년에 캘리포니아 주에서 도입된 proposition 13을 필두로 많은 주정부에서 지방정부에 의한 급격한 재산세 인상을 금지하는 장치를 만들었다. 캘리포니아의 경우 1978년 조세저항운동으로 재산세 과표를 1975년 과표 수준으로 되돌린 후 과표를 매년 2% 이상 올릴 수 없도록 하고 세율도 1%를 넘지 않도록 했다.

이어 1980년에는 매사추세츠 주에서 proposition 2 1/2라는 법을 제정하여 매년 재산세 상승률을 2.5% 이내로 제한했다. 미국에서도 재산세는 인기 없는 대표적인 세금이다. 2006년 미국 조세재단(Tax Foundation)의 설문조사에 의하면 응답자의 39%가 재산세를 최악의 지방세로 꼽았다. 최근 들어 미국 집값이 많이 오르면서 재산세도 올랐고 이에 대한 납세자들의 반발도 높아지고 있다. 이에 따라 금년에 코네티컷 주와 뉴저지 주에서 재산세 제한법을 제정했다. 결국 미국의 재산세는 우리의 종부세와는 전혀 다른 세금이다.

# 세제 및 재정 개혁

## 유일호

한국개발연구원 국제정책대학원 교수

1981년 서울대학교 경제학과 졸업
1987년 펜실베이니아대학교 경제학 박사
1987~1989년 클리블랜드주립대학교 초빙조교수
1989~1996년 한국개발연구원 연구위원
1996~1998년 한국조세연구원 부원장
1998~2001년 한국조세연구원 원장
2001~ 한국개발연구원 국제정책대학원 교수
한국재정학회 부회장(현)
조세개혁특별위원장 역임

저서 한국의 세수추계모형개발에 관한 연구, 한국개발연구원, 1990
노령화 추이와 종합적 노인복지 대책, 한국개발연구원, 1993
UR 이후의 산업별 조세지원제도 개선방안, 한국개발연구원, 1995
정부혁신: 선진국의 전략과 교훈, 1995
Tax Incentives and Economic Development(공저), Fiscal Reform and Structural Change in Developing Countries Vol. 2, 2000
The Fiscal Burden of Korean Reunification: A Generational Accounting Approach, 2005

## 국민의 부담과 재정규모는 적절한가

재정이란 정부가 추구하는 경제 및 사회정책 의지를 금전적으로 나타내고 있는 것이다. 따라서 재정을 파악하는 것은 정부정책의 방향을 가늠하는 중요한 요소로 여겨지며, 정책방향을 파악할 수 있는 가장 중요한 척도는 재정의 규모와 지출구조라고 할 수 있다. 최근 우리나라에서도 '큰 정부 대 작은 정부'에 관한 논쟁이 전개되고 있는데, 이 논의의 핵심에는 역시 재정의 규모가 자리 잡고 있다.

재정규모라 하면 흔히 지출의 규모만을 생각하기 쉽다. 그러나 지출이 가능하게 하기 위해서는 상응하는 수입이 있어야 하므로 국민의 부담, 또는 조세 부담의 크기에 대해서도 주의를 기울여야 한다. 특히 조세 부담률과 국민 부담률이 너무 높을 경우에는 민간 부문의 활력을 저해하여 성장 잠재력을 저하시키고, 너무 낮을 경우에는 적절한 공공재 공급을 하지 못하여 성장 잠재력을 훼손하게 되므로 '적절한' 수준의 재정수입을 유지하는 것이 안정적 성장에 필수적인 요소이다.

그러면 우리나라의 재정규모, 조세 부담률, 국민 부담률 등은 어느 정도인가? 잘 알려진 바와 같이 우리나라의 재정규모는 다른 선진국들과 비교할 때 작은 편이며 지금까지 재정 적자가 크지 않았기 때문에 조세 및 국민 부담률도 낮은 편이다. 우선 조세 및 국민 부담률을 살펴보면 2004년 현재 우리나라는 30개 OECD 국가 중 조세 부담률은 19.5%, 국민 부담률은 24.6%로 비교적 낮은 형편이다. 그러나 이러한 수치를 곧이곧대로 해석하여 우리의 재정규모가 앞으로도 국제적으로 낮은 수준에 머무를 것이라고 생각하는 데에는 무리가 따른다. 대부분의 OECD국가의 경우 조세 부담률 및 국민 부담률이 2000년대 들어 정체되고 있어, 우리나라와의 격차는 줄어든 상태라는 점을 감안해야 한다. 예를 들어, 미국과 일본은 2000년대 들어 조세 부담률이 하락하여 우리나라보다도 낮은 수준이며(국민 부담률은 우리나라와 유사한 수준), 상대적으로 조세 부담률이 높은 유럽 국가의 경우에는 상승추세를 멈추고 있는 것이 실정이다.

한 나라의 재정 또는 지출규모는 흔히 통합재정지출 및 순 융자의 합계로 계산된다. 우리나라 통합재정지출 및 순 융자의 GDP 대비 비율은 1981년 정점에 달한 후 1988년까지 급격히 하락하는 추세를 보였다가, 외환위기 직후 큰 폭으로 상승하여 1998년에 23.8%로 정점에 이른 후, 최근 20% 내외 수준에 머물고 있다.

표 1. 우리나라 및 OECD국가의 조세(국민) 부담률 추이

A. 조세 부담률

(단위: %)

| | 1980 | 1985 | 1990 | 1995 | 2000 | 2001 | 2002 | 2003 | 2004 |
|---|---|---|---|---|---|---|---|---|---|
| 우리나라 | 16.5 | 15.8 | 17.1 | 18.0 | 19.7 | 19.7 | 19.8 | 20.4 | 19.5 |
| OECD평균 | 24.6 | 25.8 | 26.7 | 26.6 | 27.9 | 27.4 | 27.0 | 27.7 | 26.5 |
| 미국 | 20.6 | 19.2 | 20.4 | 21.0 | 23.0 | 21.9 | 19.6 | 18.6 | 18.8 |
| 일본 | 17.9 | 19.1 | 21.5 | 17.7 | 17.2 | 17.1 | 15.9 | 15.3 | 16.5 |
| EU 15국 | 25.8 | 27.8 | 28.4 | 28.5 | 30.3 | 29.7 | 29.2 | 29.8 | - |

B. 국민 부담률

(단위: %)

| | 1980 | 1985 | 1990 | 1995 | 2000 | 2001 | 2002 | 2003 | 2004 |
|---|---|---|---|---|---|---|---|---|---|
| 우리나라 | 17.2 | 16.4 | 18.9 | 19.4 | 23.6 | 24.1 | 24.4 | 25.3 | 24.6 |
| OECD평균 | 31.4 | 32.9 | 34.2 | 35.1 | 36.6 | 36.3 | 35.9 | 35.8 | 35.9 |
| 미국 | 26.4 | 25.6 | 27.3 | 27.9 | 29.9 | 28.8 | 26.5 | 25.7 | 25.5 |
| 일본 | 25.4 | 27.4 | 29.1 | 26.9 | 27.1 | 27.3 | 26.2 | 25.7 | 26.4 |
| EU 15국 | 35.1 | 37.7 | 38.4 | 39.2 | 41.0 | 40.3 | 39.9 | 39.7 | 39.7 |

이와 같은 지출의 증가는 주로 어떤 요인들에 의한 것인가? 이를 살펴보기 위해 지출 증가항목을 보다 세분하여 보면 이자지출, 사회보험급여, 교부금, 양여금, 금융구조조정비용 등 의무지출과 이를 제외한 나머지인 재량지출로 구분할 수 있다. 그런데 최근 의무지출이 빠르게 증가하고 있는바, 그 주요한 이유는 국민연금, 공무원연금 등 공적연금의 급여가 빠르게 증가하고 있고, 정부가 2003년부터 공적자금의 일부를 상환하고 있는 데 있다. 이러한 의무지출의 증가로 인하여 향후 재정의 경직성이 높아져 재정 건전화나 재정규

**그림 1. 국민 부담률의 국제 비교(2004년)**

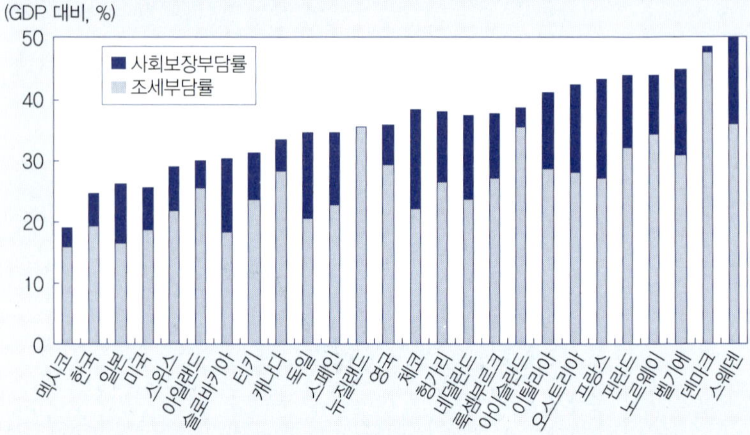


자료: OECD, Revenue Statistics 2006.

**그림 2. 일반정부(중앙+지방)의 재정규모 국제 비교**

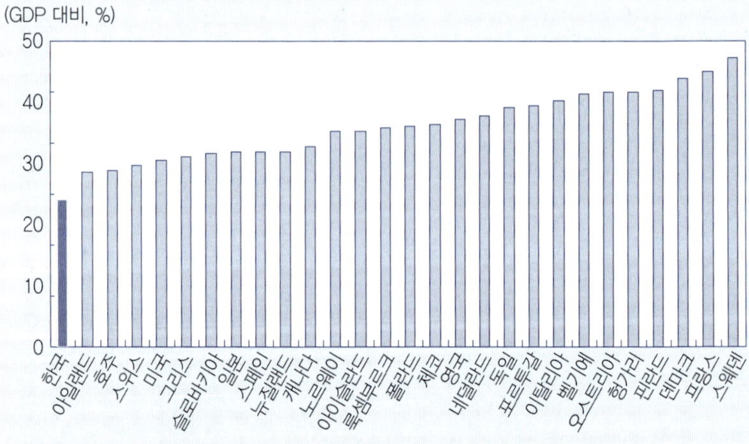


주: 2005년 기준.

자료: OECD, Economic Outlook, 2007. 5.

모 관리에 어려움이 초래될 수 있다.

이같이 재정규모, 국민 및 조세 부담률이 모두 선진국에 비해 작은 편이므로 앞으로 국민의 부담도 늘이고 이렇게 조성된 재원으로 복지지출을 중심으로 한 정부지출, 즉 재정규모를 증대시키는 것이 바람직하다는 의견이 있다. 상대적으로 낮은 우리나라의 복지지출 수준을 감안할 때 일리가 아주 없는 의견은 아니다. 그러나 우리나라의 사회복지지출은 향후 국민연금의 본격적 지급, 기초생활보장지출, 노령화에 따른 노인복지지출의 증가 등에 의해 자동적으로 늘어나게 되어 있다는 점을 잊어서는 안 될 것이다. 사실 이렇게 되면 우리나라의 재정규모는 선진국 수준에 근접한다는 것이 전문가들의 견해이다.

결론적으로, 국민 부담률의 자연적 상승이 불가피하고 재정 적자의 압력이 커지는 상황에서 조세 부담률은 중・장기적으로 상승 여력이 매우 적으며, 따라서 재정지출규모의 대폭적 증대도 어려운 상황이다.

## 재정수지 및 정부 부채는

재정규모나 국민의 부담에 못지않게 중요한 것이 재정의 건전성을 평가하는 것이다. 재정 건전성을 평가하는 지표에는 여러 가지가 있으나 그중 가장 중요한 것은 재정수지와 정부부채의 규모이다. 그림 3은 우리나라 중앙정부의 재정수지 추이를 보여 주는바, 이에 따르면 우리나라의 재정수지는 1980년대 전반까지 적자기조가 지속되었으나 1980년대 후반 이후부터는 재정긴축, 3저 호황 등으로 말미암아 전반적인 균형기조에 진입하게 되었다.

그림 3. 우리나라 중앙정부의 재정수지

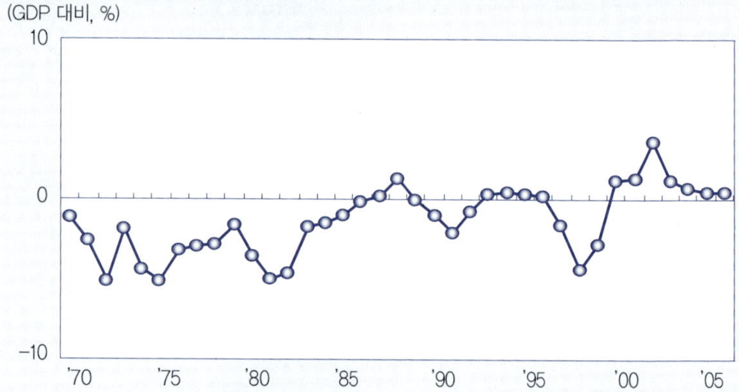


그러나 1998년 외환위기 직후 대규모의 재정 적자가 발생하였다. 정부의 지출억제 노력과 함께 재정수입의 증가에 힘입어 예상보다 빨리 2000년에 흑자를 회복하여 정부가 발표하는 통합재정수지로만 판단할 경우 현재의 재정 상황은 건전해 보이기도 한다.

그러나 재정 건전성을 보다 명확히 파악하기 위해서는 통계상의 허점을 초래할 수 있는 국민연금, 순 융자 등의 포함 여부를 고려해야 하며 이러한 요인들을 고려한 연구(고영선 2005)에 의하면 2001년 이후의 재정 흑자는 크게 감소하여 최근에는 오히려 적자폭이 증가되는 추세이다.

재정건전성을 판단하기 위한 또 다른 지표인 정부 부채의 경우를 살펴보면 우리나라의 국가 채무는 1980년대 초 이래 완만하게 하락하는 모습을 보였으나 외환위기로 인해 급격히 상승하는 추세로 돌아섰으며, 상승추세는 외환위기를 벗어난 지금까지도 계속되고 있다. 특히 그림 4에서와 같이 2003년 이후에는 공적자금의 국채전환 및 외환시장 안정용 국채발행 증가 등으로

그림 4. 우리나라 중앙정부의 채무

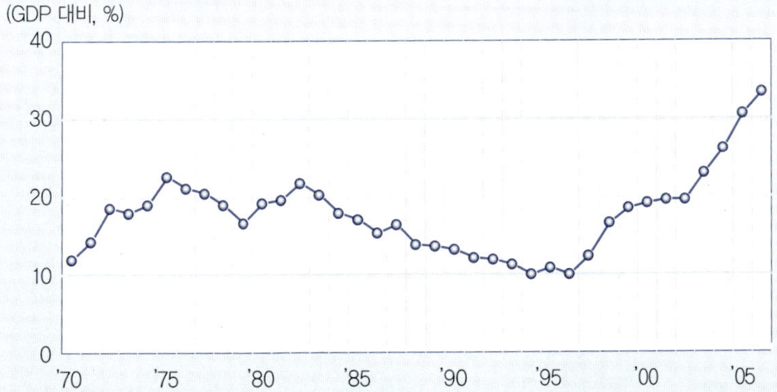


자료: 기획예산처, 『예산개요 참고자료』, 각 호.

그 증가가 가속화되고 있는 실정이다.

표 2는 중앙정부와 지방정부의 채무를 합한 국가 채무를 보여 주는바, 2006년 국가 채무는 282.8조 원(GDP의 33.4%)으로 계산된다. 여기에 중앙정부의 보증채무를 합할 경우 총 부담 수준은 319.3조 원(GDP 대비 37.7%)에 달한다.

이러한 우리나라의 통합재정수지는 만성적인 적자를 보이고 있는 OECD 국가들과 비교할 때 상대적으로 양호한 편이라 할 수 있으나, 향후 세입 증대 전망은 밝지 않은 반면 복지지출 소요 등의 급증이 예상되므로 낙관할 수 없다. 아울러 재정수지와 마찬가지로 우리나라의 부채 수준은 선진국들에 비해 아직은 낮은 편이긴 하지만, 전술한 수지악화요인은 결국 부채증가로 이어질 것이다.

**표 2. 국가채무현황**

(단위: 조 원, %)

| | 1997 | 2000 | 2002 | 2003 | 2004 | 2005 | 2006 |
|---|---|---|---|---|---|---|---|
| 국가채무(A+B−C)<br>(대 GDP) | 60.3<br>(12.3) | 111.4<br>(19.3) | 133.6<br>(19.5) | 165.7<br>(23.0) | 203.1<br>(26.1) | 248.0<br>(30.7) | 282.8<br>(33.4) |
| 중앙정부(A)<br>(대 GDP)<br>· 차입금<br>· 국채<br>· 국고채무 부담행위 | 50.5<br>(10.3)<br>18.5<br>28.6<br>3.4 | 100.9<br>(17.4)<br>21.9<br>76.3<br>2.7 | 126.6<br>(18.5)<br>20.7<br>103.1<br>2.8 | 158.8<br>(22.0)<br>15.8<br>140.6<br>2.4 | 191.6<br>(25.2)<br>10.7<br>182.9<br>2.5 | 238.8<br>(29.5)<br>7.6<br>229.0<br>2.1 | 273.2<br>(32.2)<br>6.4<br>264.3<br>2.5 |
| 지방정부(B) | 15.1 | 22.3 | 19.5 | 18.4 | 18.2 | 20.1 | 19.4 |
| 지방정부의<br>대 중앙정부채무(C) | 5.3 | 11.9 | 12.5 | 11.6 | 11.2 | 10.9 | 9.8 |
| 국가보증채무<br>(대 GDP) | 13.0<br>(2.7) | 74.5<br>(12.9) | 102.5<br>(15.0) | 80.6<br>(11.1) | 66.0<br>(8.5) | 55.0<br>(6.8) | 36.5<br>(4.3) |

자료: 재정경제부.

**그림 5. OECD 국가의 정부채무(2006년 말)**

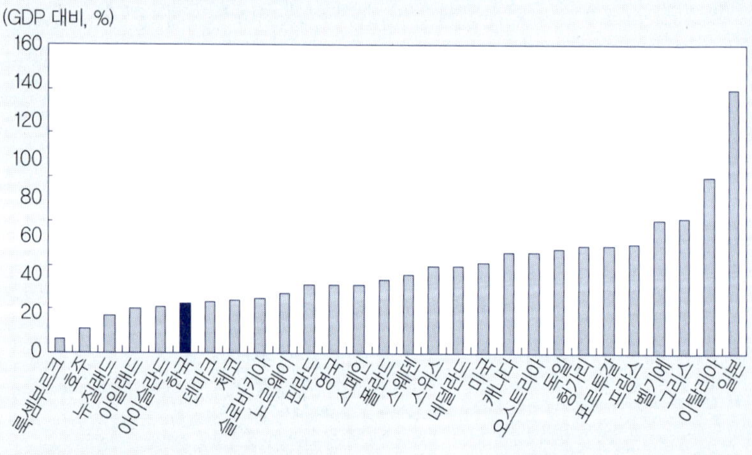


자료: OECD, Economic Outlook, 2007. 5.

## 정부의 조직과 인력은 적정한가

정부의 규모는 결국 정부가 어디까지의 기능을 수행하고, 이 기능을 어떻게 수행해야 하는가의 문제가 된다. 따라서 정부가 무슨 일을 하느냐에 따라 정부의 조직과 인력이 결정되며 이에 따라 재정지출규모 역시 결정된다.

사실 정부의 역할이란 각 국가의 고유한 역사적 · 문화적 산물이기 때문에 이에 대해 일률적인 기준이 적용될 수 없다. 다만 분명한 것은 과거 '시장의 실패'에 대한 교정장치로서의 정부 역할 증대가 1970년대까지 지속적으로 추진되어 왔다면, 1980년대 이후에는 정부의 비효율성, 즉 '정부의 실패'에 대한 반성으로 정부의 역할이 오히려 줄어드는 추세에 있다는 것이다. 다시 말해서 과거 정부의 기능이라고 여겨졌던 것 중에서 시장 또는 민간에서 더 잘 수행할 수 있는 기능은 과감히 떼어내는 이른바 '정부 개혁'의 필요성이 절실해진 것이다. 이러한 개혁은 공공 부문의 비효율을 제거하여 궁극적으로는 성장 잠재력을 제고하는 것을 목표로 하고 있다. 우리나라의 바둑이 강한 것은 바둑부가 없기 때문이라는 말이 있다. 이는 물론 우스개 소리이지만 그만큼 정부가 쓸데없이 간섭하고 통제하는 것이 줄어들수록, 그 부문의 경쟁력이 높아진다는 것을 잘 나타내는 말이기도 하다. 아울러 개혁에 의해 정부가 수행할 필요가 없어진 기능에 수반되는 조직, 인력, 예산은 당연히 축소되는 것이며 이에 따라 재정지출 및 적자규모도 줄어들게 된다. 이것이 대부분의 OECD 국가들이 추구하고 있는 정부 개혁의 핵심이다.

그러면 우리나라의 현실은 어떠한가? 혹자는 우리나라의 국민 1인당 공무원 수, 이미 살펴본 재정규모 등이 선진국에 비해 낮은 편이므로, 이에 의거하여 정부의 조직과 인력이 과도하지 않다고 주장하기도 한다. 그러나 이는 공기업 등 방대한 공공 부문을 고려하지 않은 결과라는 점에 유의해야 하다. 무엇보다도 현재의 기능과 인력이 꼭 필요한가에 대한 분석이 없이 국가적으로 중요하면 무조건 공공 부문의 인력과 예산을 증대시킨 것이 아닌지에 대한 성찰이 있어야 한다. 아울러 정치적 고려에 의해 조직을 확대하고 고위직의 숫자를 증가시킨 경우가 많다는 것을 부인할 수 없으며, 현 정권의 말기에 들어서도 이미 방대한 조직으로서의 공무원 수가 계속 증가추세에 있음은 현실적인 요구에 역행하고 있는 점이라 지적될 수 있다.

우리나라의 공공 부문 축소는 불가피하며, 그 기본방향은 기능에 대한 객관적인 분석을 통해 불필요한 기능의 민간이양을 추진하고, 그 기능에 필요한 인력과 예산을 축소하는 것이 된다. 즉, 민간 부문이 상대 우위를 가지는 기능에 대해서는 이를 축소·폐지하고 그 재원배분을 줄여야 한다. 하지만 기능이 강화되어야 할 부문도 있을 수 있으므로, 일률적으로 축소하는 것이 능사가 아니라는 점 역시 고려되어야 할 것이다.

정부 부문의 축소와 아울러 현재 과도하게 많은 공기업의 민영화를 적극 추진해야 한다. 이를 위해 이미 계획되었으나 정치적 고려에 의해 미루어지고 있는 민영화를 차질 없이 추진하고, 객관적 기능 분석에 의해 필요하다면 추가적인 민영화를 추진해야 한다. 그런데 이의 추진에 있어서는 무엇보다도 각종 기득권 세력(공기업 경영층, 정치집단, 공기업 노조, 해당 부처 등)의 저항을 물리칠 수 있는 결단력과 추진력이 요구되며 이야말로 정치적 리더십의 중요한 부분이 될 것이다.

한편 이러한 개혁은 신자유주의적인 트렌드에 대한 무비판적 수용 및 영합이라는 비판도 있다. 분명히 정부 개혁, 민영화 등은 신자유주의적 요소가 매우 많은 정책이라고 할 수 있다. 그러나 신자유주의 자체에 대한 찬·반과는 무관하게 공공 부문의 슬림화, 효율화는 긴요하다는 점을 명심해야 한다. 왜냐하면 공공 부문의 비효율성은 바로 국민 전체의 부담이 되기 때문이다. 최근 보도된 공공 부문의 방만한 운영, 과도한 보수 지급 등은 그 한 예에 불과하다. 우리들이 낸 세금이 필요하지도 않은 기능을 수행하는 데 낭비되는 것처럼 국가 경제에 나쁜 영향을 끼치는 것도 없을 것이다.

## 재정제도의 개선은 어떻게 할 것인가

재정제도 개선의 가장 큰 원칙은 국민이 낸 세금이 제대로 쓰이고 있는가를 제대로 평가할 수 있어야 한다는 것이다. 즉, 일단 공공 부문에서 수행하는 것이 적절한 것으로 결론지어진 기능에 대해서는, 그 기능 및 사업의 효율성과 효과성을 평가해야 한다. 이를 수행하기 위한 방법으로는 편익 · 비용 분석 또는 성과 관리 등이 있다. 편익 · 비용 분석의 경우 예비 타당성 또는 타당성 분석의 기법이 많이 발전하여 적어도 기술적으로는 높은 수준에 와 있다고 할 것이다. 다만 타당성 조사가 사업 수행 부처의 영향력에서 자유롭지 못하다는 정치경제학적 고려 때문에 사업규모가 일정 수준 이상인 경우 예비 타당성 조사를 실시하는바, 그 현실적 필요성은 인정되지만 자칫 한 사업에 대한 두 번의 비용 · 편익 분석 실시라는 문제를 야기할 수 있다. 이는 국가 예산의 중복 사용의 가능성까지 내포하는 문제이다. 따라서 장기적으로는 타당성 조사의 투명성과 객관성을 제고하여 예비 타당성 조사 자체가 필요 없도록 노력해야 할 것이다.

다음으로 많은 재정사업들은 비용 · 편익 분석이 매우 어렵거나 불가능하다. 이 경우 사업의 성과 관리에 주력하는 수밖에 없다. 이를 위해서는 이미 도입되기 시작한 성과주의 예산제도를 내실화하고 조기에 정착시키도록 해야 한다. 그런데 성과주의 예산제도는 그 취지와 달리 번거로운 절차와 문서만 양산시키는 위험성도 내포하고 있다. 따라서 무엇보다도 정확한 성과지표의 개발, 성과의 예산 · 인사 관리와의 연계 등이 선행되어야 할 것이다.

한편 우리나라 예산제도에서 문제점의 하나로 지적되는 것은 재정 운용의 투명성이 떨어진다는 것이다. 특히 현재 과도하게 많은 특별회계(2005년 기준 19개, 60.6조 원)와 기금(2005년 기준 57개, 조성규모 319조 원, 사업비 68.4조 원)의 존재로 인해 칸막이식 예산운용의 비효율성이 노정되어 있고, 본예산에 비해 국회의 통제가 상대적으로 약하므로 투명성도 떨어지는 것이 현실이다. 이에 따라 이미 특별회계 · 기금의 축소를 여러 차례 추진한 바 있으나 부처의 저항 등에 의해 그 실적은 미흡하다. 그러므로 이의 대폭 정비가 절실히 요구된다 하겠다.

## 세제의 개선

### 가. 소득세

현대의 세제는 무엇보다도 넓은 세원, 낮은 세율의 원칙에 충실하여야 한다는 것이 모든 전문가들의 일치된 견해이다. 이렇게 볼 때 우리나라의 소득세제에 있어서는 우선 소득공제, 감면 등의 축소가 수행되어야 할 것이다. 사실 우리의 경우 다른 나라에 비해 비과세 · 감면이 많아 형평성을 저해할 뿐 아니라 전술한 넓은 세원, 낮은 세율의 원칙에도 맞지 않는다. 그런데 이렇게 비과세·감면을 축소할 경우 세 부담이 불가피하게 증대될 것이므로 장기적 관점에서는 소득세율의 인하도 고려해 볼 수 있을 것이다. 한편 형평성 측면에서 자영업자와 근로소득자 간 수평적 불공평의 문제가 있는바, 이는 세무행정 등의 개선에 의해 해결해야 할 것이다.

### 나. 법인세

법인세는 기업의 회계상 이윤에 대한 과세이므로 기업의 투자결정에 영향을 미치는 바가 크고 따라서 경제성장과 밀접한 관계가 있다. 흔히 법인세를 재벌대책이나 소득재분배에 관련이 많은 세금으로 오해하기 쉬우나 이는 법인세의 본질과는 거리가 있는 생각이다. 직접적인 소득의 발생은 법인세를 내고 난 후, 주주에게 배당이 된 이후에 가능한 것이며 따라서 소득재분배도 그 단계에서 의미가 있는 것이다. 이렇게 볼 때 법인세 부담의 문제는 형평성과 분리하여 생각할 필요가 있다.

어쨌든 최근 기업의 투자 제고를 통한 성장 잠재력의 확충이 필요하다는 인식 하에 법인세 부담을 낮추자는 주장이 대두되고 있다. 사실 우리나라의 현행 법인세율 25%가 외국에 비해 높지는 않다고 하지만 법인에 대한 실효세율은 높은 상태이며, 이는 연결납세제도 부재, 법인 간의 배당에 대한 이중과세, 불리한 손금산입세도 등에 기인한다는 것이 전문가들의 견해이다. 따라서 기업의 경쟁력을 높이기 위해서는 우선 연결납세제도의 도입 등과 같은 세제 규정의 정비가 필요하며 중장기적으로는 법인세율 인하를 고려할 필요가 있다. 최근 두 차례에 걸쳐 세율인하를 하였으므로 더 이상의 인하가 불필요하다는 주장도 있지만, 국제적으로 법인세율 인하가 추세인 현실에서 굳이 이를 미루기만 할 일은 아니다.

**표 3. 각국의 법인세 최고세율**

| | 한 국 | 캐나다 | 미국 | 일본 | 영국 | 아일랜드 |
|---|---|---|---|---|---|---|
| 최고세율 | 25<br>(27.5) | 28→21<br>(36.1) | 35<br>(39.3) | 30<br>(40.9) | 30<br>(30) | 12.5<br>(12.5) |
| | 대 만 | 멕시코 | 중국 | 말레이시아 | 싱가포르 | 홍콩 |
| 최고세율 | 25<br>(25) | 30<br>(30) | 30<br>(33) | 28<br>(28) | 22→20<br>(20) | 16→17.5<br>(17.5) |

주: ( ) 안은 지방세 포함 세율로 OECD 자료 등을 이용. 미국은 2009년까지 32%로 낮출 예정.

이와 같이 법인세 부담을 줄이는 한편 남발에 가깝다는 평가를 받는 조세 지원은 크게 정비할 필요가 있다. 현존하는 300개에 가까운 조세 지원은 기업활동에 혜택을 주기 위해 도입되었으나 실제 효과는 불분명한 반면, 혜택의 차등에 의한 자원배분 왜곡 효과가 크기 때문이다. 아울러 WTO 체제 하에서는 많은 조세지원제도가 금지 및 상계보조금으로 분류된다는 것도 고려해야 한다. 따라서 연구개발투자에 대한 조세 지원은 계속 강화하고 기타 조세 지원은 축소하는 방향으로 정비하는 것이 기업의 경쟁력과 성장 잠재력 제고에 도움이 될 것이다.

### 다. 소비과세

가장 중요한 소비과세인 부가가치세제의 개선과제로는 간이과세제도의 개선, 영세율 및 면세 대상의 축소 등을 들 수 있다. 간이과세제도는 원래 기장능력이 부족한 소규모 영세사업자의 납세편의를 증진하기 위해 도입된 제도이나, 대상자가 아닌 경우에도 매출 외형을 축소하여 간이과세의 혜택을 받고 부가가치세를 탈루하는 경우가 많다. 더구나 이는 사업소득세의 탈루로 악용되기까지 하는 것이 현실이다. 따라서 간이과세제도를 폐지하여 탈세의 원천을 봉쇄함과 동시에 세수 증대의 기반을 마련해야 할 것이다.

다음으로 현행 부가가치세제에는 많은 면세 및 영세율 적용대상이 규정되어 있는바, 이의 조정 · 축소가 필요하다. 이들이 도입될 당시에는 다 합당한 근거가 있었지만, 이미 그 의의를 상실한 것도 있고 불필요하게 세제의 복잡성 및 자원배분의 왜곡을 초래하는 경우가 많으므로 정비가 필요하다는 것이다.

특별소비세는 과거 부가가치세의 역진성을 완화하기 위해 도입되었으나 경제규모의 변화에 따라 사치품의 정의도 바뀌었다. 따라서 더 이상 사치품이라고 하기 힘든 일부 품목은 대상에서 제외하고 사회적 비용이 큰 투기성 서비스 및 재화 등은 개별소비세로 명칭을 바꾸어 유지하며, 유류 관련 특소세는 환경세로 전환하는 것이 바람직하다. 주세, 담배 소비세는 그 기능을 강화하여 소위 '죄악세'로서의 역할에 충실해야 한다. 우리도 이제는 서민의 시름을 달래는 소주 값을 올릴 수 없다는 식의 사고에서 벗어나, 그보다는 음주 · 흡연의 폐해를 없애는 데 조세가 기여하는 방법을 찾는 것이 바람직하다.

### 라. 재산과세

우리나라의 재산과세(특히 부동산세)는 부동산 가격 앙등의 대책으로 남용되어, 재산과세 본연의 의미와 상섬을 실리지 못하고 있는 것이 가장 큰 문제이다. 재산과세는 지방재정의 좋은 수입원으로 자원배분의 왜곡이 적고 형평성을 제고할 수 있다는 등의 많은 장점을 가지고 있는 반면, 부동산 가격 안정 대책으로는 그 효용성에 대해서 의문이 많다. 최근의 예를 보더라도 조세만으로는 부동산 가격 안정에는 한계가 있어 공급의 확대가 병행 추진되고 있는 실정이다.

이상적으로는 보유과세를 확대하고 거래과세를 축소하는 것은 재산과세가 가지는 장점을 잘 살리는 방안이라고 할 수 있다. 우리나라의 과표현실화율이나 실효 재산세율은 국제적으로 낮다고 지적되어 왔으므로 과표현실화에 의한 꾸준한 보유세 증가는 불가피하겠지만, 이와 동행하여 거래세인 취득세 및 등록세의 부담은 경감시켜야만 한다. 따라서 장기적으로는 지방세인 재산과세의 세수가 주민밀착형 서비스에 사용될 수 있도록 교육·경찰 자치를 추진하여 조세저항을 줄이도록 하여야 한다.

### 마. 세제의 간소화

우리나라의 세제는 과다한 조세감면, 많은 세목, 복잡한 세법 등이 그 주요한 문제로 지적되어 왔다. 따라서 세제의 간소화를 통해서 납세협력비용과 징수비용의 감소를 동시에 추구해야 할 것이다. 이를 위해서는 세법도 알기 쉽게 고치고, 현재 국세 14개, 지방세 17개로 존재하고 있는 세목들이 대폭 정리·축소돼야 할 것이다. 사실 세목의 개수도 각국의 경제 여건 등에 영향을 받는 것으로서 단순히 숫자만을 문제 삼을 필요는 없으나, 세수 비중이 너무 낮거나 부작용이 더 큰 세목이 존재하는 것은 바람직하지 않다.

그동안의 노력에도 조세감면의 수가 많고, 조세감면의 규모가 크다는 상황은 아직도 크게 개선되지 못한 것이 사실이다. 이로 인해 과세 기반이 위축되고, 조세의 중립성이 훼손되며, 세제의 복잡성이 가중된다. 따라서 조세감면의 신설은 되도록 억제하며, 현재도 시행되나 실효성은 떨어지는 일몰제를 철저히 준수하고 연장은 원칙적으로 불허하도록 하는 것이 필요하다.

다음으로 우리나라에는 많은 목적세들이 존재하는 문제가 있다. 이들은 대부분 부가세의 형식으로 징수되어 특정 사업의 재원(특별회계 재원)을 안정적으로 확보하기 위한 수단으로서 그 역할이 중시되고 있다. 그런데 목적세의 존재이유는 일반 세입과는 달리 특정 세입과 특정 지출을 연계하여 그 편익을 분명히 하려는 데에 있다. 따라서 현재의 목적세 체계는 이 원칙에는 어긋난다고 볼 수 있는 면이 크다. 이러한 문제점을 해결하기 위해서는 목적세들을 대폭 정비해야만 한다. 다만 그 세수 비중이 높으므로 목적세 개편은 시간을 두고 수행하는 것이 바람직할 것이다.

### 바. 세무행정 개혁

세무행정의 개혁이 필요한 것은 징세비용과 납세순응비용 양자를 감소시켜 적은 비용으로 공공재 공급에 필요한 재원을 확보한다는 데에 있다. 이러한 관점에서 향후 국세행정 개혁은 납세자들의 알 권리를 충족시키고 납세자들의 불편이 없는 세정을 확립하는 데 주안점을 두어야 할 것이다. 이를 위해서는 우선 세무조사의 투명성 확보가 무엇보다 중요하다고 하겠다. 사실 납세자들의 입장에서는 세무조사가 어떤 절차 및 근거로 이루어지는지 알지 못한다. 이는 결국 불필요한 오해와 세무행정에 대한 불신만 초래한다.

세무조사를 받아 본 적이 없는 국민들도 세무조사는 뭔가 불편하고 괴로운 것, 두려운 것이라는 막연한 인식을 가지고 있다. 더구나 세무조사의 경험이 있는 납세자들은 그런 감정이 더욱 깊다. 오죽하면 우량기업 등에 대한 혜택의 하나가 세무조사를 면제하는 것이 되겠는가? 사실 이는 이치에 맞지 않는 조치라고 해야 할 것이다. 세무조사는 공평하고 투명하게 시행되어야 하는 것이지, 이를 면제해 주는 것이 일을 잘하고 국가시책에 협조한 기업에 대한 혜택이 되어서는 안 될 것이다.

이를 위해서는 우선 과거에 남발되었던 정치적 목적에 의한 세무조사를 근절한다는 확고한 의지 표명이 필요하다. 아울러 선진국의 제도를 참고하여, 납세자들의 탈세행위를 분석하고, 이를 바탕으로 세무조사 대상자를 과학적으로 선별하는 것이 필요할 것이다.

다음으로 탈세 방지를 위한 세무행정의 개선도 수반되어야 한다. 부가가치세 간이과세제도의 폐지 등을 통해 탈세의 원천을 봉쇄하는 것도 중요하지만, 세무공무원의 납세자 접촉 최소화, 세무조사 기법의 선진화 등을 지속적으로 추진해야 할 것이다. 또한 납세자 편의를 증진시키기 위한 제도개선도 요구된다. 납세자 권리헌장의 제정 등 지난 몇 년간 납세자들의 권익을 옹호하기 위한 많은 제도적 발전이 있었으나 아직 납세자들이 느끼는 불편도 상존해 있는 것이 사실이다. 이를 위해 무엇보다도 신고절차 및 서식의 간소화, 세금계산서의 전산화 등을 추진하여 납세자들의 자발적인 납세협력 수준을 높이고, 납세협력비용을 감소시킬 필요가 있다.

마지막으로 조세정보의 공개 역시 필요하다. 조세정보의 공개와 이의 원활한 활용은 징세비용, 납세협력비용을 감소시키는 등 세무행정의 효율화에 크게 기여할 것이기 때문이다. 다만 이 경우 개인의 비밀유지가 보장되는 제도적 장치를 마련해야 할 것이다.

## 지방재정 조정제도의 개선방안

지방재정 조정제도는 중앙정부와 지방정부의 재원분담을 결정하는 것이므로, 이는 양 정부 간의 역할 · 기능 분담에 근거해야 한다. 따라서 지방재정 조정제도를 개혁하기 위해서는 중앙 · 지방 간의 기능 재배분이 선행되어야 한다. 또한 이러한 기능 재배분의 원칙은 전술한 광범위한 정부 개혁의 원칙, 즉 중앙정부가 수행하기 어렵거나 지방정부가 더 잘하는 부분에 대해서는 중앙으로부터 지방으로 기능을 이양하는 것이 되어야 한다.

우리나라의 지방재정조정제도는 과거 수십 년간의 틀을 그대로 유지해 왔으므로 이에 대한 개혁이 필요하며, 이런 인식 하에 최근 지방재정 조정제도의 대폭 개편이 추진된 바 있다. 이러한 변화는 양여금의 폐지(국가균형발전 특별회계로 흡수)와 보조금의 정비, 지방재정 조정교부금 교부율의 증가, 특별 교부금의 축소로 요약될 수 있다. 그런데 이 같은 개혁의 방향은 좋았지만 실제 이루어진 결과는 아직 미흡하다.

사실 지방조정제도의 개혁에 있어서는 두 개의 상충될 수밖에 없는 원칙, 즉 지역 간 균형과 지방재정의 자주권 제고를 동시에 추구해야 된다는 점이 가장 어려운 점이며, 이 문제 때문에 개혁의 결과가 목표에 미치지 못하는 경우가 많은 것이다. 극단적으로 이야기하자면 가장 완전한 지역 간 균형은 완전한 중앙집권에 의해서만 가능하다. 즉, 양자는 상충된다. 그러나 어느 하나를 포기할 수는 없다. 따라서 양자 중 하나를 선택하기보다는 양자의 조화를 추구하는 것이 지방재정 조정제도 개혁의 원칙이 될 것이다.

이런 점을 감안하여 최근의 한 연구에서는 국가균형발전 특별회계사업을 중분류하여 진정한 의미의 포괄보조금화하는 방안을 제시하고 있는데 현실적으로 타당한 방안이라고 생각된다. 아울러 제대로 추진되지 못한 국고보조금의 대폭 정비, 정치적 남용 문제가 항상 제기되는 특별 교부금의 완전한 폐지가 우선 추진되어야 한다. 그리고 이른바 주민 밀착형 서비스인 치안, 소방, 교육 등을 지방으로 이양하고, 그 재원은 재산세의 과세자주권을 높여 마련하는 것이 바람직하다.

# 세계화와 통상정책


## 유재원

건국대학교 경상학부 교수 / 건국대학교 상경대학 학장

1982년 서울대학교 경제학과 졸업
1989년 예일대학교 경제학 박사
1989~1993년 대외경제정책연구원 연구위원
1993~ 건국대학교 상경대 경상학부 경제학전공 교수
저서 국제통상론, 1998
국제경제학원론, 2002
한국경제의 이해, 2005
선진통상국가 실현을 위한 중장기 통상전략 연구, 대외경제정책연구원, 2006

## 개방은 성장의 필수조건

한국은 흔히 소규모 개방경제라고 일컬어진다. 지리적으로 중국과 일본이라는 전통적인 강대국의 사이에 있고, 더구나 국토도 협소하여 우리 스스로도 우리나라를 소국이라고 생각하는 경향이 있다. 그러나 표 1에서 보는 바와 같이, 한국은 경제규모나 교역량에 있어서 세계 12위를 기록하고 있는 경제 대국이다. 따라서 개방경제라는 표현은 맞지만, 소규모란 형용사는 더 이상 어울리지 않을 수 있다.

1960년대 초반에는 세계에서 가장 가난했던 개발도상국들 중 하나였던 한국이 불과 40년 만에 이만큼 경제 대국으로 성장한 것은 기적이라고 하여도 결코 과장이 아니다. 자원부존이나 인구 또는 국토면적에 있어서 우리보다 훨씬 유리한 여러 국가들에 앞서 우리 경제가 고도성장을 이룩할 수 있었던 비결은 무엇이었을까?

우리의 경제발전이 대외 지향적 성장전략에 기인하였다는 점에 대해서 이견이 있을 수 없다. 대외 지향적 성장전략은 상품 및 서비스뿐만 아니라 자본이나 노동과 같은 생산요소의 자유로운 이동과 기술이전의 이점을 최대한 활용하는 데 중점을 둔다. 반면에 대내 지향적 성장전략은 해당 국민경제의 특수성을 고려하여 기술의 자체 개발과 국내 시장에 우선을 둔 공업화의 중요성을 강조한다. 한국은 1960년대 초반 협소한 국내 시장이 아닌 광대한 세계 시장을 겨냥한 발전계획을 지속적으로 추진하였다. 때마침 제2차 세계대전 이후 자유무역주의에 기초한 국제 통상질서는 우리나라와 같은 개발도상국의 수출에 호의적인 환경을 제공하였다.

선진국의 기술과 값싼 노동력을 결합하여 표준화된 제품을 만들어 선진국에 수출하는 전략이 1980년대까지는 유효했다고 할 수 있다. 그러나 이제는 선진국으로부터의 기술이전이 어려워졌을 뿐 아니라 임금이나 임대료와 같은 생산요소 가격이 크게 올랐고, 또한 BRICs(브라질, 러시아, 인도, 중국)와 같은 신흥개발도상국들의 추격이 거세짐에 따라 세계 시장에서의 경쟁이 점점 치열해지고 있다.

한편, 수출 주도의 경제성장을 지속하는 과정에서 수출은 좋은 것이고 수입은 좋지 않다는 식의 중상주의적 사고를 당연시하는 경향이 생겨났다. 우리 경제의 지속적 성장을 위하여 수출이 여전히 중요한 것은 사실이다. 그러나 국내 시장의 대외 개방이 없다면 수출이 계속 증가하는 데 한계를 가질 수

**표 1. 세계 속의 한국 경제**

| 주요 지표 | 비교연도 | 수치 | 비교 국가 수 | 순위 |
|---|---|---|---|---|
| 국내총생산(GDP) | 2005년 | 7,875억 달러 | 94 | 12 |
| 1인당 국민총소득(GNI) | 2005년 | 16,291달러 | 61 | 29 |
| 수출액 | 2005년 | 2,844억 1천 9백만 달러 | 99 | 12 |
| 수입액 | 2005년 | 2,612억 3천 8백만 달러 | 94 | 13 |
| 무역의존도 | 2005년 | 69.3% | 30 | 9 |
| 외환 보유액(연말) | 2005년 | 2,103억 9천 1백만 달러 | 78 | 4 |
| 경제성장률 | 2005년 | 4.0% | 30 | 7 |
| 조강 생산량 | 2005년 | 4,782만 톤 | 66 | 5 |
| 선박 건조량 | 2005년 | 1,023만 7천CG/T | 23 | 1 |
| 자동차 생산량 | 2005년 | 369만 9천 대 | 41 | 5 |
| 쌀 생산량 | 2005년 | 643만 5천 톤 | 72 | 13 |
| 단위면적당 쌀 생산량 | 2005년 | 6,568kg/ha | 73 | 10 |
| 인터넷 이용자수 | 2004년 | 인구 100명당 66명 | 72 | 3 |
| 인간개발지수 | 2003년 | 0.901 | 177 | 28 |
| 1차 에너지 총 소비량 | 2005년 | 2만 2,460만 TOE | 65 | 10 |
| 1인당 에너지 소비량 | 2005년 | 4,650.7Kg | 65 | 16 |
| 총인구 | 2006년 | 4,849만 7천 명 | 193 | 25 |

자료: 통계청(2006).

밖에 없다. 우리나라는 원유·가스와 같은 에너지는 물론 원부자재나 중간재와 같이 수출품을 위한 투입의 상당 비율을 수입에 의존하고 있다. 뿐만 아니라 국내 시장을 개방하지 않는다면, 우리나라는 끊임없는 통상마찰에 시달릴 수밖에 없다. 더욱 중요한 것은 개방이 없다면 국내 기업들은 국내 시장에 안주하게 될 것이고, 따라서 우리 경제의 경쟁력이 하락할 수밖에 없다는 사실이다. 이러한 관점에서 본다면 시장개방은 수출 주도형 경제 성장전략을 추구했던 한국 경제의 불가피한 선택이었고, 상당 부분 자발적으로 이루어졌다고 할 수 있다.

우리나라의 시장개방은 1980년대에 들어오면서 본격적으로 추진되기 시작하였다. 즉, 1980년대 들어서면서 경제정책의 기조가 개방과 경쟁, 자율에 입각한 안정 성장의 추구로 바뀌면서 수입자유화가 탄력을 받게 되었다. 개방정책의 일환으로 추진된 수입자유화 시책의 주 목적은 개방과 경쟁을 통하여 산업의 체질을 강화하고 다른 한편으로는 소비자의 후생을 증대시키는 데 있었다. 아울러 선진국의 개방 압력에 능동적으로 대처하기 위한 것도 주요한 목적 중의 하나였다. 이 과정에서 수입자유화 예시제 도입을 통하여 개방계획에 대한 신뢰를 구축하고 정책의 투명성을 증대시키고자 노력하였다. 그 결과 우리나라의 관세율은 크게 낮아졌고, 농산물을 제외한 품목의 경우에 이러한 현상은 더욱 두드러지게 나타났다.

1990년대에도 개방정책의 기조는 그대로 유지되었다. 특히 우루과이라운드협상은 시장개방을 가속화시키는 계기가 되었다. 상품시장에 대한 개방은 이미 거의 완성된 단계에 이르렀고, 추가적인 개방은 주로 서비스 시장과 직접투자에 집중되었다. 특히 직접투자에 대한 자유화는 매우 점진적으로 추진되었다. 1984년에 일부분을 제외하고는 원칙적으로 모든 외국 자본의 도입을 허용한다는 네거티브 제도가 도입되었고, 1990년에는 수출의무 등 각종 이행의무 철폐가 이루어졌다. 1992년에는 외국인 투자가 원칙적으로 허가제에서 신고제로 전환되었다. 1993년 이후에는 외국인 투자에 대한 자유화가 더욱 확대되어 개방 업종 수가 크게 확대되었고, 1997년의 금융·외환위기를 계기로 현재 외국인 직접투자는 거의 모든 분야에 걸쳐 완전한 자유화가 이루어진 상태이다.

1997년 금융·외환위기 중에 추진된 개방정책은 비록 불가피한 측면이 강했으나, 다른 한편으로 위기를 극복하는 정책수단으로 활용되었다고도 볼 수 있다. 우리 정부는 외환을 확보하려면 자본 자유화가 필요하다는 판단 하에 빅뱅식의 대폭적인 자유화를 추진하였다. 이에 따라 국내 주식에 대한 외국인 투자지분 한도를 실질적으로 철폐하였고, 적대적 인수합병을 허용하며, 국내 채권시장을 개방하는 등 획기적인 자유화 조치를 취하였다. 또한 1999년 4월부터 외환거래의 자유화가 자본 자유화를 보완하는 차원에서 추진되었다.

금융·외환위기 이후 빅뱅식의 자본시장개방, 그리고 2007년 한·미 FTA(자유무역협정) 체결로 이제 한국 경제는 기타 선진국 수준으로 대외 개방도가 과거에 비하여 현저하게 높아졌다고 할 수 있다. 지금까지는 우리나라의 대외 개방도가 선진국에 비하여 상당히 미흡한 것으로 평가되어 왔다. **표 2**에서 보는 바와 같이, 헤리티지재단의 경제자유화 지수에 따르면 한국의 시장개방지수는 지금까지 일본과 비슷한 수준으로 미국이나 영국과 같은 선진국은 물론 홍콩, 싱가포르와 같은 경쟁국에도 크게 떨어지는 것으로 분석

**표 2. 한국의 경제 자유도와 시장개방도**

| | 한국 | 미국 | 영국 | 일본 | 홍콩 | 싱가포르 | 독일 | 스웨덴 |
|---|---|---|---|---|---|---|---|---|
| 경제 자유화 지수 | 68.6 | 82.0 | 81.6 | 73.6 | 89.3 | 85.7 | 73.5 | 72.6 |
| 경제 자율화 지수 | 69.0 | 82.9 | 81.1 | 75.1 | 90.4 | 87.1 | 71.1 | 71.2 |
| 시장개방지수 | 67.1 | 78.3 | 83.3 | 67.6 | 85.0 | 80.0 | 83.3 | 78.3 |

주: 시장개방지수는 경제 자유화 10개 항목 중 무역과 투자의 개방도를 평균한 수치이며, 경제자율화 지수는 나머지 8개 항목들의 단순평균치임.

자료: 헤리티지재단(www.heritage.org), 2007.

되고 있다. 하지만 이는 한 · 미 FTA 체결 이전의 분석이며, 향후 유럽연합(EU)과의 FTA까지 체결되는 경우 시장개방지수는 현저히 높아질 것으로 예상된다.

개방은 대외 의존도가 높은 한국 경제의 입장에서 국제 분업의 이득을 확보하고 구조조정과 고도화를 통하여 지속적 경제 성장을 이루어 나가는 데 필수적이다. 제조업의 경우 선진국 수준의 개방이 이루어졌으나, 일부 농산물이나 서비스 시장의 개방에 있어서는 상대적으로 매우 높은 무역장벽을 지켜 왔다. 한 · 미 FTA 체결 이후 가장 피해가 예상되는 농산물의 경우, 개방에 따른 구조조정 비용이 클 것이므로 개방에 많은 저항과 대안모색의 진통이 따르는 것은 당연하다고 할 수 있다. 그러나 서비스 산업의 경우에는 우리 경제의 빠른 서비스화 추세와 지식기반 경제로의 이행의 필요성을 고려할 때, 체계적이고 일관된 시장개방계획의 수립과 실행이 요구된다.

표 3과 같이, 국내 서비스 산업의 경쟁력이 취약하다고 개방을 늦추는 것은 결국 해외로부터의 서비스 수입으로 귀결되기 때문에 국민경제에도 결코 도움이 되지 않는다. 서비스 산업의 개방은 우리 경제의 국제경쟁력 강화를

**표 3. 한국의 서비스 교역 추이**

| | 총 교역 대비 서비스교역 비중 | 총 수출 대비 서비스 수출 비중 | 총 수입 대비 서비스 수입 비중 | GDP 대비 서비스 수출 | GDP 대비 서비스 수입 비중 |
|---|---|---|---|---|---|
| 1990년 | 27.55 | 13.07 | 13.39 | 8.22 | 8.74 |
| 1995년 | 33.48 | 15.31 | 16.67 | 9.45 | 10.68 |
| 2000년 | 31.14 | 14.61 | 17.31 | 12.35 | 13.50 |
| 2005년 | 30.98 | 13.98 | 18.46 | 12.48 | 14.88 |

자료: WTO International Trade Statistics(2006).

촉진시킬 것이며, 전략적 서비스 산업의 수출산업화를 통해서 우리에게 보다 큰 이익을 줄 수 있을 것이다.

## 세계화에 대안은 있는가

개방은 세계화(globalization)라는 세계 경제의 거대한 조류에 합류하려는 국민 경제가 반드시 갖추어야만 하는 전제조건들 중의 하나라고 할 수 있다. 세계화란 다양한 국민 경제들이 하나의 경제로 통합되는 과정을 의미한다. 세계화라는 용어는 종종 국제화(internationalization)라는 용어와 같은 뜻으로 사용되기도 한다. 하지만 국제화는 말 그대로 국민 경제를 기본적인 경제단위로 보는 반면, 세계화는 국민 경제를 뛰어넘어 세계 경제가 하나로 통합되는 것을 의미한다는 면에서 차이가 있다. 국제화가 다른 국가와의 경제교류를 촉진하기 위한 개방을 강조하였다면, 세계화는 개방뿐만이 아니라 적극적인 해외투자, 그리고 인적교류를 포함하는 개념이라고 할 수 있다.

국민 경제의 개방과 이에 따른 국제 분업의 진전은 21세기에 갑자기 나타난 현상이라고 할 수 없다. 상품 및 서비스의 수출과 수입, 자본의 유출과 유입, 기술도입과 기술의 해외 수출, 노동력의 유입 및 유출 등 양 방향에 걸친 생산물과 생산요소, 그리고 금융자본의 이동은 적어도 제2차 세계대전 이후 꾸준히 확대되어 왔다. 20세기 말부터 무역량이나 자본이동이 일부 국가뿐만이 아니라 전 세계적으로 고르게 증가하는 추세를 보여 왔고, 또한 교역재 비중 및 서비스 교역의 증가, 다국적 기업의 역할 강화, 그리고 제조업 및 서비스 분야에 대한 직간접투자의 증대 등 그 내용도 크게 바뀌었다고 할 수 있다.

세계화로 대변되는 자유무역과 자본이동이 역사상 가장 높은 단계에 도달하였는가에 대해서는 논란의 여지가 크다. 또한, 세계화가 경제통합의 과정이라면, 왜 최근 세계화라는 용어가 일상화되는 동시에 다시 논쟁의 초점이 되고 있는 것일까? 세계화가 새로운 현상인가라는 논쟁은 세계화를 단순한 통합 과정으로 보느냐, 아니면 그 결과물로 나타나고 있는 '국경 없는 경제(borderless economy)'를 상정하고 있느냐 하는 중요한 의미를 갖는다. 정보통신기술의 눈부신 발달로 지구촌이 하나의 경제로 통합되는 것은 더욱 추진력을 갖게 되었다. 디지털 기술의 급속한 발전은 세계 어디서나 생산이 가능하고, 또 단시간 내에 유통이 가능하도록 경제구조를 바꾸었다. 이에 따라, 상품 및 서비스의 거래는 지역이나 시간 또는 국경의 제약을 받지 않고 이루어질 수 있게 되었다. 또한 공급자와 수요자 간의 복잡한 유통단계가 생략됨에 따라 일반 소비자나 기업이 지불해야 하는 거래비용을 크게 절감시키고 있으며, 새로운 기업의 시장 진입이 용이해짐에 따라 기존 기업들의 범세계적 시장 참여가 가능하게 되었다. 그리고 한편으로는 전 세계적으로 최고가 아니면 살아남기 힘든 강도 높은 경쟁에 직면하게 된 것이다.

시 · 공간을 초월하여 진행되는 경제적 통합은 대내적으로 경제뿐 아니라, 사회적 규범 및 법, 그리고 문화활동 등 모든 분야에 획기적인 변화를 가져오고 있다. 또한 국제적으로도 국경 없는 경제가 실현됨에 따라 국민 주권이라는 정치적 영역이나 권위에도 근본적인 변화가 불가피하다. 국가 간의 경제통합이 심화되면, 어느 한 나라의 경제정책이 다른 경제에 영향을 미치는 외부 효과가 증가한다. 따라서 자국의 정책이 자국 경제에 미치는 영향뿐 아니라, 다른 국민 경제에 미치는 영향, 그리고 그러한 외부 효과가 다시 자국에 미치는 효과까지도 고려해야 할 필요성이 증대되는 것이다. 국제 경제교류와 관련된 정책은 더욱 민감한 문제가 아닐 수 없다. 따라서 국가 간의 갈등을 미연에 방지하려면 정책결정이 관련 국제규범을 준수하여야 함은 물론, 관련국들과의 정책협조가 필수적인 상황이 되어가고 있는 것이다.

세계화를 국경을 뛰어넘는 시장통합과 분업의 전개 과정이라고 이해한다면, 세계화의 이념적 배경은 시장 기능에 대한 신뢰와 자유화의 이득에 대한 믿음이라고 할 수 있다. 흔히 '신자유주의(Neo-liberalism)'라 불리는 정치경제적 사조는 다양한 스펙트럼을 갖지만, 정부의 시장개입이 긍정적 효과보다는 부정적 효과가 더 크다는 것을 강조하고, 자유로운 시장과 기업에 대한 규제완화, 그리고 자유무역 및 자유로운 자본이동을 중시한다는 공통분모를 가지고 있다.

고전적 정의로서의 자유주의는 개인의 자유를 극대화하려는 정치경제적 이데올로기를 뜻하는 것으로, 민주주의적 정치제도, 법치주의, 사상의 자유, 그리고 경제적 경쟁 등의 개념을 포함한다. 그러나 1930년대의 대공황을 겪으면서는 개인적 자유를 보호하기 위하여 정부가 보다 정교한 보호장치를 마련하여야 한다는 케인스, 처칠, 루스벨트의 견해가 새로운 주류로 자리 잡기도 했다. 이후, 1980년대에 들어서면서 영국의 대처리즘과 미국의 레이건 정권은 비대해진 정부의 역할을 축소하고 민간 부문의 보다 자유로운 경제활동을 촉진하기 위하여 일련의 경제정책을 펼쳤는데, 신자유주의는 이 시기의 영·미 경제정책들이 근간으로 하였던 경제적 이데올로기라 할 수 있을 것이다.

신자유주의의 학문적 역사는 1960년대 하이에크나 프리드먼과 같은 경제학자들이 시장에 대한 정부의 간섭이 경제적 비효율성을 낳는다고 경고하며 자유무역, 민영화, 기업규제의 완화 등에 기초한 시장경제체제의 우월성을 주장하였던 이론들에서 출발하고 있다. 앞서 신자유주의 정책을 근간으로 삼았던 영국의 대처나 미국의 레이건은 자국의 경제정책의 추를 자유방임주의 쪽으로 옮겨 놓았을 뿐 아니라, IMF와 GATT 등의 국제기구를 통하여 전 세계적으로 확산시키려고 노력하였다. 따라서 일각에서는 신자유주의를 비자유주의 경제권인 제3세계의 구조조정을 전제로 하여 미국식 시장경제체제의 대외 확산전략을 꾀하는 것으로 여기며, 미국 행정부와 IMF, 그리고 세계은행이 있는 워싱턴에서 정책결정자들 사이에 이루어졌던 '워싱턴 컨센서스(Washington Consensus)'와 동일시하기도 한다.

신자유주의적 입장에서 본다면 세계화는 선진국뿐 아니라 개발도상국을 포함하여 사회적 후생을 증가시킬 뿐 아니라 빈곤 문제를 해결할 수 있는 첩경이라고 할 수 있다. 드 롱(De Long 1999)에 따르면 신자유주의가 주장하는 세계화의 이점은 다음 세 가지로 요약할 수 있다.

첫째, 자본이 풍부한 선진국이 자본이 부족한 개발도상국에 대출을 해 주게 되면, 선진국은 높은 이자를 받을 수 있고 개발도상국은 투자재원을 마련할 수 있다는 점에서 두 집단 모두 이득을 볼 수 있다. 둘째, 소비자들은 수송비용의 감소와 무역장벽의 철폐로 인하여 보다 저렴한 가격으로 보다 다양한 제품을 소비할 수 있다는 점에서 이득을 보게 된다. 생산자는 넓은 세계시장을 겨냥하여 제품을 만들게 됨으로써 시장의 제약에서 벗어나 이득을 보게 된다. 셋째, 세계 경제가 통합될수록 지식과 기술은 보다 빠른 속도로 전파될 것이며, 따라서 생산성은 전 세계적으로 빠르게 향상될 것이다.

요약하면, 신자유주의자들은 세계화는 보다 풍요로운 세계 경제를 만들 것이므로 각국 정부는 세계화에 반대할 것이 아니라, 이를 적극적으로 수용하여야 한다고 주장하고 있다. 신자유주의자들의 개발도상국 경제발전에 대한 처방에서 자유무역과 자본시장개방이 핵심적인 위치를 차지하고 있다. 즉, 유치산업 보호론은 정보화 시대에는 더 이상 적합하지 않고, 통합된 세계시장은 개발도상국가들이 필요로 하는 기술이전에 더 유리한 환경을 제공할 것이며, 자본시장개방을 통하여 선진국의 풍부한 자본이 유입될 수 있도록 유도하여야 한다. 그리고 시장개방에 따른 정부 역할의 축소는 성장을 가로막는 부패와 행정적 간섭을 감소시키는 결과를 이끈다는 것이 신자유주의자들의 견해이다.

그러나 세계화가 불가피하며 불가역적이고, 세계화의 적극적 추진이야말로 지속적인 성장의 필수요소라는 주장에 대하여 다양한 비판도 제기되고 있다. 세계화는 환경이나 노동조건을 악화시키고, 선진국이나 개발도상국을 막론하고 빈곤층에게 폐해를 주며, 세계 경제 차원에서도 부유한 국가와 빈곤한 국가 간의 소득격차를 확대시키고 있다는 것이다.

세계화에 대한 비판의 근본에는 복지와 형평을 강조하는 사회민주주의같이 자유주의와는 근본적으로 상이한 정치경제학적 입장을 가진 비판론자들이 포진하고 있는가 하면, 다른 한쪽에는 신자유주의의 문제점을 보완하여야 한다는 다소 수정적인 입장을 취하는 주류 경제학자들도 있다. 한편 세계화에 대하여 보다 중립적인 입장을 지니는 것으로 평가받고 있는 로드릭(Rodrik 1997) 같은 경제학자는 세계화가 고용주와 노동자 간 세력균형을 파괴하고, 선진복지국가에서 오랜 시간에 걸쳐 확립된 노동자 권리와 사회규범을 파괴할 위험이 있다고 경고하기도 한다.

세계화가 성장을 촉진하고 빈곤을 퇴치하는 데 효율적이라고 할 수는 있어도, 이러한 긍정적인 효과가 또 다른 국가들의 희생을 강요하지는 않는가? 세계화에 따른 국가 간 소득격차의 확대 여부 역시 커다란 논란거리 중 하나이다. 우선 세계화가 국가 간의 소득 수준을 축소시키는가의 문제는 대상 국가를 무엇으로 보느냐에 따라 그 해답이 달라질 수 있다. 즉, 선진국들 간에는 소득격차가 감소하는 수렴 현상이 관측되었지만, 선진국과 대부분의 개발도상국가 간에는 오히려 소득격차가 증대하였다는 것이다. 그러나 이러한 현상이 세계화와 관련되어 있는지에 대해서는 논란이 있을 수 있다. 국가 간 소득분배 문제는 비교 가능한 통계를 구하기가 쉽지 않다는 점에서 상당한 어려움이 있다. 더구나 국민소득통계를 사용하였을 때와 가계조사자료를 사용하였을 경우 불평등의 심화에 대하여 상당히 다른 결과가 도출될 수도 있다.

디튼(Deaton 2004)의 연구에서 드러난 것처럼, 실제로 제2차 세계대전 이후인 1950~2000년의 기간 동안 국가 간 불평등과 국가 내부의 불평등 모두가 다 조금씩 악화되는 양상을 보였다. 그러나 이러한 소득 불평등의 악화가 세계화의 영향이라고 보기는 어려우며, 세계화에 불참한 국가들의 소득 불평등이 악화된 것을 보면 세계화가 오히려 기술이전과 요소가격 균등화를 통하여 국가 간 소득 불평등을 감소시키는 효과가 있었음을 역으로 알 수 있기도 하다. 한편 138개국의 소득통계를 통합하여 전 세계의 소득 불평등도를 추정한 살라이마틴(Sala-i-Martin 2002, 2006)의 연구에서는, 일일소득 수준이 1달러에도 못 미치는 빈곤층은 1970년 17%에서 1998년에는 7%로 감소하였다. 또한 일일소득 수준이 2달러에 못 미치는 빈곤층도 같은 기간 중 41%에서 19%로 감소하였다. 이렇게 본다면 세계화 현상이 두드러지기 시작한 1970년대 이후, 전 세계적인 소득 불평등은 크게 개선된 것이라 할 수 있는 것이다.

세계화에 대한 비판은 분명 경청되어야 하고, 또한 부분적으로 수용되어야 할 것이다. 그러나 세계화의 비판론자에게 한국 경제의 입장에서 그 대안이 무엇인가라고 묻는다면 그 대답은 분명치 않다. 개방이 투자나 성장에 기여하는 바가 기대에 크게 못 미친다고 해서, 그것이 개방의 부정적 효과를 증명한다고 볼 수는 없다. 무역 및 투자 장벽철폐를 모색하는 정책의 추진에도 불구하고 국내 제도나 관행이 개선되지 않고 있다면 개방이 가져올 긍정적 효과는 커질 수가 없다.

외국 금융자본이 가계대출이나 국채 중심의 안정성 위주 자산운용으로 기업금융 활성화에 크게 기여하지 못하고 있고, 고배당으로 국부가 유출된다든지 혹은 투자를 위축시킨다든지 하는 주장 역시 근거가 희박하다. 정보 획득이 쉽고 신용이 우수한 대기업이나 부유층에 대한 영업을 중시하고 있는 외국 은행에게 위험성이 높은 중소기업이나 기술개발에 대한 대출을 증대시키라고 요구하는 것은 무리이다. 자본의 국적을 따지기보다는 국내 금융의 중개 기능을 활성화하기 위한 제도적 기반을 마련하고 감독 기능을 선진화하려는 노력이 선행되어야 하는 것이다.

한국 경제의 성장동력을 확보하려면, 세계화 또는 개방을 주어진 여건으로 간주하여, 대내적으로는 보다 많은 외국인 투자가 이루어지도록 투자환경을 개선하고, 대외적으로는 적극적으로 세계 시장을 확보하는 전략적 접근이 필요하다. 세계화 시대에 우리 경제가 살아남을 수 있는 최상의 길은 세계를 상대로 우리 기업이나 개인이 경쟁해서 이길 수 있는 여건을 마련해 주는 것이다. 이는 공정하고 실질적인 경쟁이 이루어질 수 있는 세계화된 시장환경의 조성을 의미할 것이다.

## WTO체제 하에서도 FTA는 필요

한 · 미 FTA(자유무역협정)의 체결을 계기로 지역주의의 필요성 및 그 경제적 효과에 대한 국민적 관심이 지대해졌다. 자유무역협정(Free Trade Agreement)은 이해가 맞는 일부 국가들끼리 무역장벽을 낮추어 주는 특혜무역협정으로 한 · 칠레 FTA와 같이 양자협정도 있고, 또한 NAFTA(북미자유무역협정)와 같이 다수 국가들을 포함하는 특정 지역을 포괄하는 경우도 있다. 세계무역기구(WTO: World Trade Organization)에 따르면, 2006년 11월 현재 WTO체제 밖에서 특정 국가들끼리 체결된 지역무역협정(Regonal Trade Agreement)은 211개에 이르는 것으로 파악되고 있다. WTO의 신규회원들이 그 가입 과정에서 기존에 이미 체결했던 지역무역협정이라고 통보했던 것은 총 12개에 불과하고, WTO 가입 이후 새롭게 지역무역협정을 체결한 것이 199개로 나타나고 있다. 특히, 이 중에서 2000년 이후 통보된 지역무역협정은 118개에 이르러, 최근 지역무역협정이 급격히 확산되고 있음을 알 수 있다.

그렇다면 1995년 WTO의 출범에도 불구하고 지역주의가 세계적으로 확

**표 4. 지역무역협정(RTA)의 확산**

| | 가입시 기존 RTA 통보 | 신규 RTA | 합계 |
|---|---|---|---|
| GATT 24조(FTA) | 4 | 129 | 133 |
| GATT 24조(CU) | 5 | 6 | 11 |
| 권능조항 | 1 | 21 | 22 |
| GATT 5조 | 2 | 43 | 45 |
| 합계 | 12 | 199 | 211 |

자료: WTO (http://www.wto.org).

산되는 이유는 무엇일까? 이는 주요 국가들이 WTO를 통한 다자 간 무역자유화의 한계를 인식하고, 이를 극복하기 위한 수단으로 지역주의를 널리 활용하기 시작했기 때문이다. 현재 진행중인 DDA(도하개발아젠다) 협상도 언제 종결될 것인지 불분명하고, 또한 타결된다 하여도 그 효과는 미지수이다. 따라서 향후 일정 기간 동안 지역주의는 더욱 활성화될 것으로 예상된다.

우리나라는 전통적으로 다자주의를 선호함에 따라 FTA를 비롯한 지역주의에 소극적인 자세를 견지해 왔으나, 1997년 금융 · 외환위기를 계기로 지역주의를 적극 추진하기로 국가정책을 변경하였다. 2004년 발효된 한 · 칠레 FTA는 한국의 대외통상정책이 지역주의와 다자주의의 동시 추구로 방향이 전환되었음을 보여 주는 이정표라는 의미를 갖는다. 그러나 칠레와의 교역 비중이 낮기 때문에 한 · 칠레 FTA를 통해 큰 이익을 기대하기는 어렵다. 이러한 점에서, 한 · 미 FTA는 우리나라의 가장 중요한 경제 파트너들 중 하나이자 세계 제1의 경제대국인 미국과의 자유무역협정이기 때문에 그 의미는 아무리 강조하여도 지나치지 않다.

수출을 통한 고도성장을 경험한 우리 국민들은 무역자유화에 원칙적으로 찬성하면서도 미국 같은 초강대국과의 자유무역에 막연한 불안감을 느끼는 것도 사실이다. 극단적인 찬 · 반의 대립 등 우여곡절 끝에 타결된 한 · 미 FTA는 과연 어떠한 효과를 가져올 것인가? 우선 한 · 미 FTA 협정의 주요 내용을 살펴보면 표 5와 같이 획기적이기보다는 점진적이고 균형적인 결과가 도출되었음을 볼 수 있다.

자유무역이라는 원칙 하에 관세 및 비관세 장벽을 철폐하게 되면, 자동차, 섬유, 전자제품 등 미국에 비하여 경쟁력이 있는 부문의 수출이 늘어날 것으로 예상된다. 또한 확대된 시장을 겨냥한 외국인 직접투자가 증가하면서 통

**표 5. 한 · 미 FTA 협정의 주요 내용**

| 산업 | 협정내용 | 예상효과 |
|---|---|---|
| 상품 | · 상호 100% 관세 철폐<br>· 94% 조기 철폐 | · 공산품의 미국 시장 점유율 증가 |
| 자동차 | · 승용차와 부품 수출에 대한 관세철폐 (3,000cc 이상 승용차와 부품관세 즉시 철폐)<br>· 자동차 특소세 5%로 단일화, 자동차세 간소화 | · 자동차의 수출경쟁력 강화<br>· 자동차 수입의 증가 |
| 섬유 | · 미국 수입액기준으로 61% 즉시 관세 철폐<br>· 원사기준 적용 예외(린넨, 리오셀, 레이온 등) | · 섬유류 수출 증가 |
| 농산물 | · 쌀 양허대상에서 예외인정, 수확기 오렌지, 콩, 감자, 분유, 꿀 등에 대해 현행 관세 유지<br>· 민감 품목 세이프가드, 관세할당 이행 탄력 적용 | · 국내 생산농가 피해 최소화 |
| 서비스 | · 사업 서비스(법률, 회계)의 단계별 개방<br>· 방송 채널 사업의 부분 개방<br>· 스크린쿼터의 규제 수준 현행 동결 | · 교육 · 의료 · 사회서비스 유보<br>· 사업 서비스 개방을 통한 경쟁력 제고 |
| 의약품 | · 신약의 최저가보장 반영치 않기로 합의<br>· 의약품 지적재산권 강화(복제의약품 규제) | · 단기적으로 제약업계에 부정적 영향<br>· 장기적으로 연구개발 촉진 |
| 기술장벽 | · 표준 및 기술규정 개방 과정 내국민대우원칙 적용<br>· 시험 · 인증기관 지정시 상대국기관에도 기회 제공 | · 표준 및 기술의 조화촉진<br>· 시험 · 인증기관의 경쟁력 제고 |
| 투자 | · 투자자-국가 간 분쟁 관련 기준 마련 | · 공중보건, 환경, 안전, 부동산 가격안정화 정책 등은 원칙적으로 예외 |
| 금융 | · 급격한 자본유출에 대한 금융세이프가드 도입<br>· 국책금융기관의 예외인정 | · 외화 유출입 급증에 대한 안전장치마련 |
| 통신 | · 기간통신사업자에 대한 외국인 직접투자지분(49%) 유지<br>· 국내법인설립을 통한 간접적 투자지분 제한 철폐 | · 통신산업에서의 경영투명성 제고 |
| 지적재산권 | · 저작권 보호 기간 50년에서 70년으로 연장 | · 지적재산권 강화 |
| 노동 | · 국내 노동법수준 향상 및 집행강화 | · 무역 및 투자촉진<br>· 노사관계자들의 참여 유도 |
| 환경 | · 기존의 환경보호 수준 유지 | · 개성공단 제품의 한국산 인정 협의 |
| 기타 | · 한반도역회가공지역위원회 설치 | |

자료: 외교통상부, "한 · 미 FTA 분야별 최종협상결과," 2007. 4.

상 및 기업활동과 관련된 각종 제도 및 규범의 선진화라는 간접적인 효과도 누릴 수 있을 것이다. 반면에 미국이 경쟁력을 가지고 있는 농업 부문에서는 민감성을 반영하여 피해를 최소화하려는 노력에도 불구하고 어느 정도 부정적인 영향이 불가피할 것이다. 또한 서비스 부문에서도 법률이나 회계와 같은 전문직 서비스의 경우 단기적으로는 외국 기업들의 국내 시장 잠식이 불가피할 것으로 보인다.

위 협정내용을 토대로 하여, 국책연구기관들이 공동으로 우리 경제에 미칠 효과를 분석한 결과를 보면 전반적으로는 실보다는 득이 훨씬 큰 것으로 나타나고 있다. 그림 1에서 보는 바와 같이, 한 · 미 FTA로 인해 우리 경제의 실질 GDP는 10년 후 그렇지 않은 경우와 비교할 때 약 6.0% 증가할 것으로 예상된다. 이것은 무역장벽 철폐에 따른 교역증대뿐 아니라, 장기적인 투자증대와 생산성 향상 효과를 고려한 결과이다. 또한 한 · 미 FTA는 향후 10년간 34만 명의 고용 증가 효과를 가져올 것으로 예상된다.

또 한 가지 간과할 수 없는 사실은 관세 철폐로 인한 수입가격의 하락이 소비자들에게 상당한 이득을 가져온다는 사실이다. 관세 철폐에 따른 가격 하락과 수출 증가 및 소비자 선택 폭 확대 등을 통해 늘어나는 후생 수준은 GDP대비 2.9%(약 20조 원) 수준으로 분석되었다.

한 · 미 FTA의 체결은 우리 경제의 입장에서 볼 때 다행스러운 일이 아닐 수 없다. 그렇다고 한 · 미 FTA가 우리 경제의 문제를 한꺼번에 해결할 수 있는 만병통치약은 아니다. 따라서 우리는 무엇보다도 한 · 미 FTA의 긍정적 효과가 극대화될 수 있는 여건 마련에 주력하여야 한다.

최근 성장둔화의 원인으로 지적되고 있는 투자부진이나 서비스 산업의 취약한 경쟁력과 같은 구조적인 문제를 해결하려면, 노사관계, 기업규제, 교육

그림 1. 한 · 미 FTA의 성장 및 고용 촉진 효과

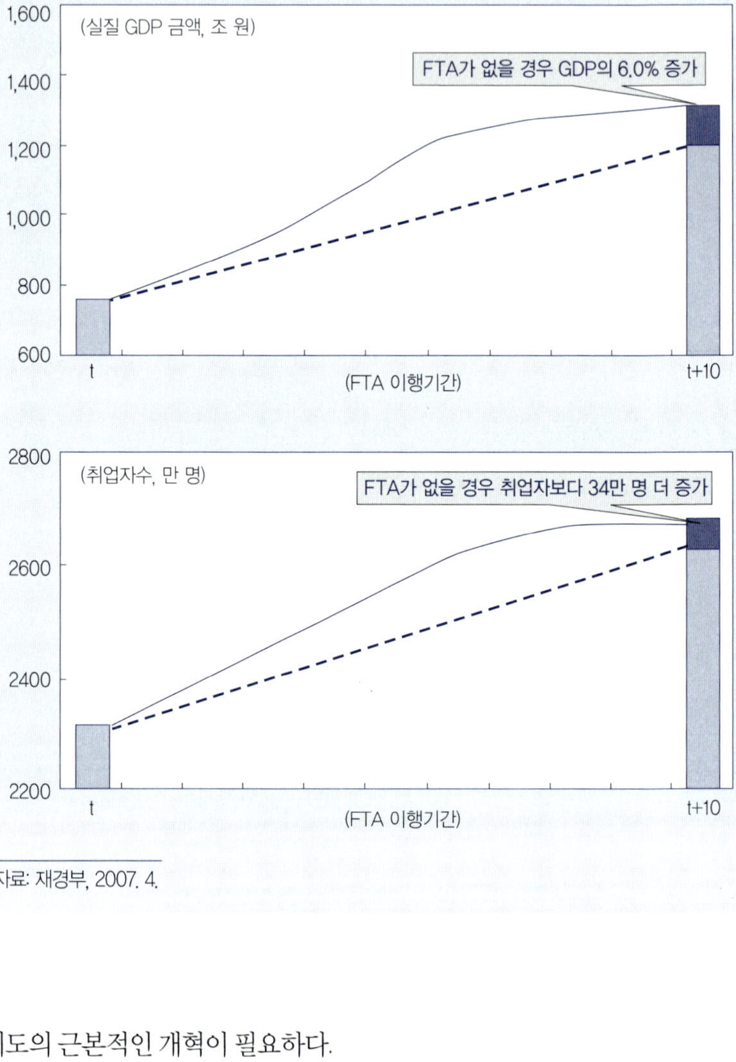


자료: 재경부, 2007. 4.

제도의 근본적인 개혁이 필요하다.

한 · 미 FTA 협상이 마무리되자마자, 우리 정부는 EU와의 FTA 협상을 공식적으로 시작하였다. 미국과의 FTA 체결로 우리 경제의 협상력이 이전보다

훨씬 제고된 것이 사실이지만, 체결 직후 추진 중인 한 · EU FTA 협상은 우리 경제에 득이 될 것인가 혹은 중국이나 일본과의 FTA를 먼저 추진하여야 하는 것이 아닌가라는 의문도 제기될 수 있다.

경제발전단계를 고려할 때, 중국과의 FTA는 우리 경제의 성장과 고용, 그리고 수출 촉진에 상당히 유리할 것으로 예상된다. 그러나 중국과의 FTA를 추진할 경우 농업시장을 개방해야 하기 때문에 구조조정비용이 상당히 높다. 또한 산업구조 고도화에의 기여도는 EU에 미치지 못할 것으로 전망된다. 한편 한 · EU FTA는 고용 창출 효과와 산업구조의 고도화에 가장 크게 기여할 것으로 기대된다. 이렇게 볼 때 EU와의 FTA 추진은 현 시점에서 적절한 선택이라고 판단된다.

지역주의는 세계 시장의 확보와 우리 경제의 경쟁력 증대를 위하여 지속적으로 추진하여야 한다. FTA는 관련국들의 경제 모두에게 도움이 되며, 특히 한국이 거대경제권과의 자유무역을 할 경우에는 한국의 득이 훨씬 크다고 예상할 수 있다. 그러나 단기적인 구조조정의 어려움을 무시하고 눈부신 미래상을 제시하는 것만으로는 개방에 대한 국민적 공감대를 이끌어 내기 힘들다. 또 자유무역이 국민경제 전체적으로 이득이 된다 하여도 모든 구성원에게 그 혜택이 골고루 돌아가는 것은 아니라는 점이다. 자기가 입을 손해를 보상받을 것이라는 보장이 없는 한 반대하는 목소리가 있는 것은 당연하다. 따라서 정부는 개방의 부정적 효과를 최소화할 수 있도록 제도적 장치를 마련하여야 한다.

표 6. 거대경제권과의 FTA 추진 효과

A. 실질성장률 증대

(단위: %)

| 시나리오 | 모형 | 한 · EU FTA | 한 · 중 FTA | 한 · 일 FTA | 한 · 미 FTA |
|---|---|---|---|---|---|
| 시나리오 1 | 정태 모형 | 0.64 | 2.44 | 0.35 | 0.45 |
| | 자본축적 모형 | 1.08 | 3.13 | 0.76 | 1.95 |
| 시나리오 2 | 정태 모형 | 1.97 | 2.47 | 0.56 | 0.53 |
| | 자본축적 모형 | 3.04 | 3.17 | 1.05 | 2.13 |

B. 수출 증대

(단위: %)

| 시나리오 | 모형 | 한 · EU FTA | 한 · 중 FTA | 한 · 일 FTA | 한 · 미 FTA |
|---|---|---|---|---|---|
| 시나리오 1 | 정태 모형 | 2.11 | 4.76 | 2.08 | 2.59 |
| | 자본축적 모형 | 2.90 | 5.43 | 2.79 | 4.50 |
| 시나리오 2 | 정태 모형 | 2.70 | 4.79 | 2.13 | 2.79 |
| | 자본축적 모형 | 4.57 | 5.48 | 2.97 | 4.83 |

C. 고용 증대

(단위: 일자리수)

| 시나리오 | 모형 | 한 · EU FTA | 한 · 중 FTA | 한 · 일 FTA | 한 · 미 FTA |
|---|---|---|---|---|---|
| 시나리오 1 | 정태 모형 | -20,240 | -56,887 | -15,665 | -73,037 |
| | 자본축적 모형 | 61,774 | 94,923 | 72,425 | 187,759 |
| 시나리오 2 | 정태 모형 | -54,564 | -57,054 | -20,435 | -71,970 |
| | 자본축적 모형 | 132,850 | 96,835 | 87,297 | 197,399 |

주: 시나리오 1 – 농업, 제조업의 관세 완전 철폐(한 · 미 FTA는 농업의 경우 90% 철폐 가정).
시나리오 2 – 농업, 제조업 관세 완전 철폐, 서비스 산업의 무역장벽 50% 감축(한 · 미 FTA는 서비스 무역장벽의 25% 감축 가정).

자료: 박순찬, 내부자료(2006).

## 국제 통상협상을 위한 대내 협상전략 및 사회안전망 확충

국제 통상협상이란 당사국들 상호 간의 시장개방과 관련하여 제도 및 절차를 개선하여 통상을 원활하게 하는 것을 목표로 한다. 따라서 개방과 규제완화가 중요한 부분을 차지하게 마련이다. 시장개방은 국민 경제 전체적으로는 순이득을 가져오지만, 모든 사회 구성원이 개방에서 파생되는 이득을 평등하게 공유한다는 보장은 없기 때문에 시장개방에 의해서 피해를 입는 계층의 반대 목소리가 생겨날 수밖에 없다. 하지만 다수가 침묵한 가운데 조직화된 소수의 목소리만 정책에 반영될 경우, 무역자유화는 지연되거나 국익과는 무관하게 왜곡될 수 있다.

우리 사회의 다양한 계층과 이해집단이 정책결정에 제각기 목소리를 내면서 국민적 공감대를 형성하기가 점점 어려워지고 있다. 이러한 변화는 우리 사회가 민주화되고 선진화되어 간다는 증거로 볼 수 있을 것이다. 그러나 이해 당사자들 간의 합의가 이루어지지 않는 경우, 정책이 일관성과 공정성을 잃고 졸렬하게 결정될 위험이 크다. 따라서 정부는 과거 일방적인 의사결정자의 역할에서 적극적인 이해 조정자로 역할 변화가 요구된다.

통상협상에 있어서 대내 협상은 중요한 의미를 갖는다. 정부가 통상현안을 놓고 타국 정부와 협상을 벌일 때, 대외 협상도 물론 중요하지만 그 이전에 올바른 정책결정이 이루어지도록 국민들을 설득하고 이해를 조정하는 과정 또한 매우 중요하다는 의미이다. 한 · 칠레 FTA의 비준 과정이나 한 · 미 FTA 협상 과정에서도 볼 수 있듯이, 우리나라는 정책수립 과정에서 타협을 통하여 협상안을 도출할 수 있는 정치적 혹은 제도적 장치가 매우 미흡한 것이 사실이다. 이는 행정부는 행정부대로, 국회는 국회대로, 또 시민단체들은 단체들 나름대로 제각기 대변하려는 목소리가 다르기 때문이다. 통상정책을 일관성 있게 추진하려면, 우선 모든 국민에게 우리 경제의 중장기 구조조정 방안을 담은 명확하고 신뢰성 있는 청사진이 제시되어야 한다. 즉, 선진화된 개방경제를 건설하기 위하여 왜 시장개방이 필요하고, 외국인투자가 활성화되어야 하는지에 대하여 국민적 공감대가 형성될 수 있도록 정부가 적극적으로 노력하여야 한다. 이를 위하여 정부는 개방의 원활한 추진을 위한 적극적인 홍보체계를 구축할 필요가 있다. 정부는 전문가 그룹, 이익단체, 그리고 시민단체들의 정기적 혹은 비정기적인 모임을 통하여 비판적 목소리를 사전에 청취하고, 이를 설득할 만한 객관적 증거를 제시하는 노력을 계속하여야 한다. 또한 중요한 대외 협상에서 정부 부처들 간의 의견 충돌로 말미암아 협상이 지연되거나 협상력이 약화되는 것을 막기 위하여, 정부 부처들 간의 의견 조정 기능을 강화할 수 있는 제도적 장치를 마련할 필요가 있다.

세계화와 개방이 장기적으로 사회구성원들 전체의 후생을 증가시키는 효과를 가져오려면, 개방의 부정적 효과가 집중되는 계층의 피해를 최소화하고 이들이 변화된 경제환경에 적응할 수 있게 해주는 방안을 강구하여야 한다. 최근 우리 정부가 도입한 무역조정 지원제도는 이러한 맥락에서 주목할 만하다. 그러나 우리나라 무역조정 지원제도는 미국의 무역조정 지원제도를 벤치마킹하고 있어서 피해보상제도로서의 역할에는 한계가 있을 것으로 전망된다. 미국의 무역조정 지원제도는 극히 제한된 예산으로 운영되기 때문에 피해기업이나 노동자들에게 실질적인 혜택을 주기보다는 상징적인 의미가 크다고 할 수 있다. 이에 대하여 유럽의 구조기금은 무역 자유화에 따른 직접적인 피해보상보다는 경제통합 과정에서 발생하는 취약산업이나 낙후지역이 장기적으로 경쟁력을 확보할 수 있도록 유도하는 것을 목적으로 하고 있으며, 실질적인 지원이 이루어질 수 있도록 상당한 예산을 확보하고 있다. 그러나 우리나라의 무역조정 지원제도를 당장 유럽식 모형으로 바꾸는 것은 현실적으로 어려울 것으로 보인다. 또한 무역조정지원제도는 무역 자유화에 따른 피해만을 대상으로 할 뿐, 무역이 아닌 다른 요인, 예를 들면 국내 산업고도화에 따라 사양산업에서 발생하는 피해 등에 대해서는 고려치 않고 있다는 약점이 있기도 하다.

아울러 시장개방의 피해를 어디까지 보상하여야 하는가의 문제도 객관적인 판단 기준을 제시하기 힘들다. 예를 들어 외국 기업과의 경쟁에서 뒤처진 기업을 회생시키려는 시도는 경제의 전반적인 효율성을 떨어뜨리는 결과를 낳을 수 있다. 또한 피해기업의 기술개발 및 설비투자에 대한 자금 지원은 도덕적 해이를 초래할 수 있으므로 신중할 필요가 있다. 경제의 전반적인 효율성 제고를 위해 기업 퇴출도 적극 지원하여야 할 필요가 있을 것이다. 이러한 국가적 지원의 형평성 문제에 대한 근본적인 해결방안은 특정 산업을 대상으로 하는 지원보다는 사회안전망(social safety net)의 전반적인 확충이 되어야 한다. 즉 세계화와 개방에 따른 포괄적인 피해보상은 사회안전망의 강화로 해결해야 할 문제이다.

사회안전망의 확충은 경제성장의 성과가 국민들에게 고루 분배됨으로써 사회통합을 이룩하고 시장개방을 원활하게 추진하는 데 필수적이다. 외환위기 이후 사회안전망의 확충을 통하여 구성원들의 경제적 안정을 도모하고 소득불평등 및 빈곤 문제를 퇴치하여야 한다는 것에 사회적 합의도 이루어졌다. 우리나라는 사회보장 관련 지출이 GDP에서 차지하는 비중이 2001년 6.1%로 다른 OECD 국가들에 비해서 낮은 편이기는 하지만 획기적으로 재정지출을 늘리기는 곤란한 상황이다. 또한 사회안전망의 확충이 빈곤층의 확대나 실업 및 고용불안의 증대와 같은 사회 문제를 근본적으로 해결하는 데는 한계가 있기도 하다. 선진국의 경험을 살펴보면, 복지는 근로와 연계되어 일할 능력이 있는 사람에게는 일자리를 제공하고 국민들의 일하는 능력을 향상시키기 위하여 인력 개발 투자를 확대하는 데 우선해야 한다. 즉, 형평과 효율성의 조화가 요구된다고 하겠다. 따라서 시장개방을 통한 성장 잠재력의 확충이 분배 문제의 해결에도 반드시 필요하다는 인식 또한 이 같은 맥락에서 강조되어야 할 것이다.

마지막으로, 시장개방의 경제적 효과는 자동으로 획득되는 것이 아니라 시장개방을 하는 국가의 경제발전단계와 개방에 대한 대응방식에 따라 그 정도가 달라진다. 따라서 국민들에게 개방의 효과를 설득하려면, 시장개방의 효과가 극대화될 수 있는 환경과 제도를 마련하는 일도 선결과제가 아닐 수 없다. 정부는 단기적으로 시장개방에 수반되는 구조조정에 대한 대응능력을 제고하고, 장기적으로는 경쟁력 제고를 위한 인적자원축적과 숙련기술인력 양성, 신기술도입과 적용에 필요한 투자에 힘써야 한다. 아울러 물적·인적 자본축적이 생산성과 소득 수준 향상으로 연결되기 위해서는 경제제도와 경제정책이 형성하는 경제적 환경, 즉 사회간접자본의 확충이 필요하다. 왜냐하면 국가들 간의 사회 인프라 차이가 자본축적, 인적자본축적, 생산성 향상의 차이를 유발할 뿐 만 아니라, 궁극적으로는 국가 간 소득 차이의 원인이 되기 때문이다. 즉, 각 나라가 구축하는 사회간접자본의 형태가 선진국 수준에 얼마나 근접하는가에 따라서 선진국과의 소득 및 성장 격차가 결정된다는 것이다. 시장개방은 이러한 사회간접자본의 확충을 유도하는 역할을 할 것으로 기대되며, 사회간접자본이 국제 기준에 근접하게 된다면 시장개방은 경쟁력 제고와 성장 잠재력 제고에 크게 기여할 것이다.

## 성장동력 확충을 위한 통상전략

통상정책의 궁극적인 목표는 우리 경제가 지속적인 성장을 통하여 선진국 대열에 합류하는 것이다. 같은 맥락에서, 통상정책의 중간 목표는 우리 경제가 직면하고 있는 잠재 성장률의 저하, 국내 기업 및 외국인 기업의 투자 부진, 일자리 창출 등의 문제들을 해결하는 데 긍정적인 환경을 직·간접적으로 제공하고, 국제 시장에서 경쟁력을 강화하는 것에 초점을 맞추어야 한다.

이러한 관점에서 보면, 향후 우리가 취해야 할 통상정책의 방향은 지금까지의 개방기조에서 크게 다를 것이 없다. 지속적인 개방은 대외 의존도가 높은 우리 경제의 입장에서는 국제 분업의 이득을 확보하고, 구조조정과 산업 고도화를 통하여 지속적인 경제성장을 이루어 나가기 위하여 반드시 필요하다. 또한 우리 경제의 개방도가 실질적으로 제고되어야만 세계 경제의 거점으로서 자리매김할 수 있을 것이다. 예를 들어, 동북아 금융 허브의 설립을 현실화하기 위해서는 개방과 자유화를 통하여 비즈니스 환경을 선진국 수준으로 끌어올리는 것이 전제되어야만 하는 것이다. 또한 시장개방은 우리의 시장을 상대국에게 개방하는 것이 주가 되는 것이 아니라, 역으로 우리 경제가 주요 교역대상국들에 대한 시장 진출과 점유를 늘리고, 불필요한 무역 마찰을 미연에 방지하는데 도움을 주도록 추진되어야 할 것이다. 이러한 전제하에 통상정책의 측면에서 중점적으로 추진하여야 할 핵심과제를 정리하면 다음과 같다.

### 가. 기업의 글로벌 경영 지원

우리 경제의 성장동력을 확충하려면 통상정책은 우리나라 시장의 단순한 개방을 넘어서 주요 교역상대국의 시장을 확보하는 데에도 기여할 수 있어야 한다. 이를 위해서는 통상정책을 결정함에 있어서 업계의 견해를 충분히 수렴하는 제도적 장치를 정비하여야 한다. 이와 동시에 정부는 '공정무역'을 내세워 우리 기업들의 해외 시장 진출을 촉진할 수 있도록 상대국과의 협상을 적극 추진하여야 한다. 이러한 기업 친화적 통상정책은 이미 미국이나 호주, 그리고 EU에서 오래전부터 시행되어 왔다. 예를 들면, 미국이나 EU는 해외에 진출한 기업들의 애로사항을 수렴하여 자국 통상 관련 부처에 전달하든가, 또는 대사관을 통해서 해당국의 정부에 조속한 해결을 촉구하는 등 다양한 노력을 기울이고 있다. 우리나라도 이러한 제도를 조속히 도입하여 우리 기업의 글로벌 경영을 지원하는 체제를 갖추어야 한다.

### 나. 수준 높은 FTA의 추진

정부는 미국과의 FTA 체결 이후, 계속하여 한국과 FTA 체결을 원하고 또한 준비가 되어 있는 국가들, 그리고 한국의 농업 분야에 큰 피해를 주지 않고 전략적 활용가치가 있는 국가라면 동시다발적으로 FTA를 추진한다는 입장을 밝히고 있다. 그러나 FTA는 단순히 체결에 의의가 있는 것이 아니라 대내적으로는 경쟁을 촉진하여 기업의 혁신역량을 강화하고, 대외적으로는 우리 기업들의 해외 시장을 확대하는 데 기여할 수 있어야 한다. FTA가 이러한 기대효과를 실현하려면 정치적으로 민감한 부분을 예외로 삼기보다는 포괄적이고 심도 있는 자유화를 원칙으로 삼아야만 한다. 한편 FTA의 추진대상은 전략적으로 우리 경제에 가장 이득이 클 것으로 예상되는 국가들부터 고려하여야 할 것이다. 이러한 원칙에서 보면 EU가 우선 추진대상으로 여겨져 현재 협상이 추진되고 있는 것이며, 중국 및 일본과도 자유무역협상이 추진될 것이다.

### 다. 지식서비스 시장의 경쟁력 강화와 개방

지식기반경제의 경쟁력을 확보하려면 교육, 법률, 회계, 의료 등과 같은 지식 서비스의 경쟁력 제고가 반드시 필요하다. 이를 위해서는 대내적으로 경쟁을 촉진하고, 대외적으로 시장을 개방하여 세계 유수의 서비스 기업들을 유치하여 그들의 기업전략을 배워야만 할 것이다. 시장개방 없이는 질적 수준이 높은 해외 서비스의 수입만이 계속 확대될 것이며, 국내 서비스 산업의 경쟁력 제고는 기대하기 어렵기 때문이다.

사실 교육 서비스 시장의 개방은 교육 서비스의 질적 수준을 높이는 가장 효과적인 수단이 될 수 있다. 그러나 교육의 공공성 확보에 필요한 국내 교육의 기본 틀을 유지하는 데 급급한 현 정부의 입장은 교육 서비스 시장 개방에 대하여 상당히 소극적이다. 한국은 단순히 교육 서비스 시장을 방어하는 입장에서 벗어나 싱가포르같이 한국을 동아시아의 교육 중심으로 성장시킬 비전과 계획을 세워야 할 필요가 있다. 교육 서비스 시장이 개방되고 실제로 외국 교육기관의 서비스 제공이 이루어진다면 시장수요를 누가 더 잘 만족시킬 수 있는가가 결국 경쟁력의 핵심이 될 것이다. 이를 위해서는 교육 서비스의 혁신이 이루어질 수 있도록 정부는 규제를 최소화하는 한편, 교육시장의 개입에 있어서는 공정한 평가와 정보 공개의 측면에 보다 중점을 두어야 할 것이다. 또한 이를 통하여 교육 서비스 공급자들 간의 경쟁을 촉진하고 구조조정을 유도하여야 할 것이다.

### 라. 외국인 고급인력의 적극적 유치와 활용

우리나라의 잠재성장률을 제고하려면 장기적인 안목에서 인적자본의 축적, 숙련기술인력 양성, 신기술도입과 적용, 그리고 독자적인 연구개발에 필요한 투자를 촉진하여야 한다. 특히 인적자본의 축적과 관련하여 외국의 고급두뇌를 활용하려는 전략적 접근이 필요하다. 외국인 고급인력의 유치는 부족한 인적자원을 확충하고 혁신경제의 실현을 촉진하는 데 반드시 필요하다. 이를 위해서는 먼저 외국인 고급인력에 대한 우대제도는 물론 유치와 관련된 제도와 절차를 정비하고 개선하는 것이 필요하다. 현재와 같이 까다로운 제도와 절차 하에서 개발도상국의 저임금 노동인력은 어느 정도 유치할 수 있을지 몰라도, 과학기술 등 전문 고급인력을 유치하기는 어렵기 때문이다. 특히 한국의 영주권제도는 외국 노동력 유입에 대한 규제를 완화하면서도 우리 경제의 수요에 맞추어 이를 조정할 수 있는 수단으로 활용할 수 있다는 점에서 재정비되어야 한다. 한국은 선진국 기술의 모방이 더 이상 쉽지 않은 산업단계에 위치하여 있으므로, 기술개발이 지속적 성장의 관건 중의 가장 중요한 하나라고 하여도 지나치지 않다. 그러나 기술의 대형화와 상품 수명 주기의 단축 등으로 연구개발의 부담은 점점 증대하고 있어 공동연구가 세계적 대세가 되고 있다. 우리나라도 산학연 공동연구를 활성화시켜 국내 연구거점을 마련해 나가는 동시에 국제 공동연구에 능동적으로 참여할 수 있도록 인센티브를 마련하여야 할 것이다. 이러한 점에서 다국적 기업의 연구개발 기능을 유치하는 것도 효과적 수단이 될 수 있을 것이다.

### 마. 개발도상국 공적원조의 확대와 효율화

갈수록 심화되는 선진국 시장에서의 경쟁을 고려할 때, 앞으로 세계 경제에서 차지하는 비중이 커질 개발도상국가 시장을 확보하려는 전략적 접근이 필요하다. 개발도상국에 대한 공적개발원조(ODA: Official Development Aid)의 확대는 이러한 점에서 적극 추진하여야 할 것이다. 한국의 공적개발 원조규모는 2004년도 국민총소득(GNI) 대비 0.06%에 불과하였고, 2009년까지 계획대로 0.1% 수준으로 확대된다고 하여도, OECD 개발원조위원회(DAC: Development Assistance Committee) 회원국들의 평균 ODA 비율은 2004년 0.25%를 기록하였고 2010년에는 0.36%로 확대될 것으로 예상되는바, OECD 선진국에 비하면 상당히 적은 규모이다.

우리나라는 점진적으로 원조규모를 확대해 나가는 한편으로, 공적원조의 효율성을 제고하려는 노력을 병행하여야 한다. 이를 위해서는, 무엇보다도 우리나라의 ODA 기본철학 및 목표의 수립을 통하여 통합적인 정책수행의 기초가 마련되어야 할 것이다. 현재 공적개발원조를 주관하는 소관 부처와 관련 업무가 한국국제협력단(KOICA: Korea International Cooperation Agency) 및 한국수출입은행의 대외경제협력기금(EDCF: Economic Development Cooperation Fund)으로 분산되어 있으므로, 통합적인 원조의 실시가 이루어지지 못하고 있어 성과에 한계를 나타내고 있다. 특히 각 부처별 사업들 간의 연계 및 조정이 이루어지지 않음에 따라 프로그램별 시너지 효과를 거두지 못하고 있다. 따라서 각 기관의 전문성과 총체적 효율성을 동시에 제고할 수 있는 방안을 모색하여야 한다. 다음으로, 원조의 기본철학 및 목표에 대비하여 개별사업 및 총체적 성과를 평가할 수 있는 체계를 확보해야 할 것이다. 현재 프로젝트별 사업평가가 실시되고 있으나 이는 통상적인 업무평가 수준에 머무르고 있다. 따라서 대외 원조정책 전반에 대한 평가와 기존 사업에 대한 평가를 종합적으로 실시하여 국가별 분야별 추진전략을 수립해야 할 것이다.

### 바. 고용 친화적 사회안전망의 확충

사회안전망의 확충은 경제성장의 성과가 국민들에게 고루 분배됨으로써 사회 통합을 이룩하고 시장개방을 원활하게 추진하는 데 필수적이다. 외환위기 이후 사회안전망의 확충을 통하여 구성원들의 경제적 안정을 도모하고 소득불평등 및 빈곤 문제를 퇴치하여야 한다는 데 사회적 합의도 이루어졌다고 할 수 있다. 우리나라는 사회보장 관련 지출이 국내총생산(GDP)에서 차지하는 비중이 OECD 국가들 중 낮은 편이지만, 획기적으로 재정지출을 늘리기는 곤란한 상황이다. 또한 사회안전망의 확충이 빈곤층의 확대나 실업 및 고용불안의 증대와 같은 사회 문제를 근본적으로 해결하는 데는 한계가 있다. 이러한 맥락에서 절대빈곤층 및 사회취약 계층에 대한 지원은 지속적으로 확대하되 성장을 통한 재원 확보와 보조를 맞추어야 할 것이다.

원칙적으로 소득불균형의 해소와 국민적 복지증대는 교육과 훈련을 통한 일자리 제공에 초점을 맞추어야 한다. 선진국의 경험은 복지증대를 위한 사회정책과 경제정책 간의 상충 가능성이 본질적인 것이 아니라 정책 내부의 부조화 때문에 발생한다는 것을 보여 준다. 영국 정부가 국가경쟁력 향상을 목표로 성장과 분배 간의 조화를 강조한 것과 같이 한국 역시 고용 창출과 성장에 기여할 수 있도록 사회안전망을 설계하여야 한다. 즉, 한국의 현 상황에서 사회복지는 근로와 연계되어 일할 능력이 있는 사람에게는 일자리를 제공하고, 국민들의 일하는 능력을 향상시키기 위하여 인력 개발 투자를 확대하는 데 우선이 두어져야 할 것이다.

### 사. 통상정책의 일관성 확보

세계화가 진전될수록 국내외 경제의 구분이 모호해지고, 따라서 통상정책이 독립적인 영역을 갖는 대외 정책인가 아니면 국내 정책의 연장으로 보아야 할 것인가라는 문제가 제기될 수밖에 없다. 우리 경제의 높은 개방도를 고려할 때 통상정책의 우선순위는 높게 설정하는 것이 타당하며, 통상정책의 목표를 달성하기 위한 정책적 뒷받침이 이루어져야 한다. 또한 효율적인 통상정책의 추진을 위해서는 정부 부처 간의 이해 · 갈등을 해소하고 다양한 정책 간의 긴밀한 조화를 확보할 수 있는 제도적 정비가 요구된다. 이를 위해서는 우선적으로 국가 비전과 경제목표가 분명하게 설정되어야 한다. 또한 장기적인 영향을 미치는 정책들은 신중하게 수립되고, 한번 결정되면 일관성 있게 추진되어야 한다. 정책이 도중에 바뀌면 신뢰 상실로 인하여 경제 전반에 적지 않은 비용이 발생한다는 점을 명심하여야 한다. 특히 통상정책은 교역상대국과의 약속이므로 대외 신뢰도 차원에서도 정책의 일관성을 유지하는 것이 상당히 중요하다. 이를 위해서는 행정부와 국회의 협조강화, 행정부 부처들 간의 이해조정, 그리고 대외 협상결과의 원활한 이행을 보장할 수 있는 유인 및 보상 시스템이 시급히 마련되어야 할 것이다.